WORLD BANK GROUP

基础设施 PPP 项目
政府风险担保：分配与估值

世界银行集团　［新］蒂莫西·欧文　著
财政部政府和社会资本合作中心　编译

中国商务出版社

基础设施 PPP 项目
政府风险承担框架：分配与估值

世界银行 [美] 黄美志 欧文 著
财政部政府和社会资本合作中心 译

中国财政经济出版社

Government Guarantees: Allocating and Valuing Risk in Privately Financed Infrastructure Projects

Copyright ©2007 by International Bank for Reconstruction and Development/The World Bank

The work above was originally published by The World Bank in English This Chinese translation of the works above was arranged by China PPP Center. China PPP Center is responsible the quality of the translation. In case of any discrepancies, the original language will govern.

《基础设施PPP项目政府风险担保：分配与估值》
国际复兴开发银行/世界银行 版权所有©2007

上述报告的原版由世界银行于2007年以英文出版。中文版由财政部政府和社会资本合作中心安排翻译并对译文的质量负责。中文版与英文版在内容上如有任何差异，以英文版为准。

本书所阐述的任何研究成果、诠释和结论未必反映世界银行、其执行董事会及其所代表的政府的观点。

世界银行不保证本书所包含的数据的准确性。本书所附地图的疆界、颜色、名称及其他信息，并不表示世界银行对任何领土的法律地位的判断，也不意味着世界银行对这些疆界的认可或接受。

图书在版编目（CIP）数据

基础设施PPP项目政府风险担保：分配与估值／（新西兰）欧文著；财政部政府和社会资本合作中心编译．—北京：中国商务出版社，2015.12

（PPP丛书）

ISBN 978-7-5103-1433-9

Ⅰ.①基… Ⅱ.①欧…②财… Ⅲ.①基础设施建设-项目-风险管理-研究 Ⅳ.①F294

中国版本图书馆CIP数据核字（2015）第300157号

基础设施PPP项目政府风险担保：分配与估值

世界银行集团　　［新］蒂莫西·欧文　著
财政部政府和社会资本合作中心　编译

出　　版：	中国商务出版社
发　　行：	北京中商图出版物发行有限责任公司
社　　址：	北京市东城区安定门外大街东后巷28号
邮　　编：	100710
电　　话：	010-64269744　64218072　（编辑一室）
	010-64266119　（发行部）
	010-64263201　（零售、邮购）
网　　址：	http://www.cctpress.com
网　　店：	http://cctpress.taobao.com
邮　　箱：	cctp@cctpress.com　bjys@cctpress.com
照　　排：	北京亮杰技贸有限公司
印　　刷：	北京密兴印刷有限公司印装
开　　本：	787毫米×1092毫米　1/16
印　　张：	13　字　数：180千字
版　　次：	2016年1月第1版　2016年1月第1次印刷
书　　号：	ISBN 978-7-5103-1433-9
定　　价：	43.00元

版权专有　侵权必究　　　　　　　　盗版侵权举报电话：010-64245984
如所购图书发现有印、装质量问题，请及时与本社出版部联系，电话：010-64248236

前　言

政府和社会资本合作（Public-Private Partnerships，PPP）是在公共产品和服务领域转变政府职能，引进市场机制，利用社会资本投融资、技术、管理和创新能力，增加、改善和优化公共产品和服务供给的一次体制机制变革。它是一种积极的财政政策，是稳增长、促改革、调结构、惠民生、防风险的重要抓手，是落实创新、协调、开放、共享发展的一项具体措施。

风险分担、合作共赢是PPP模式的核心特征之一。《国务院办公厅转发财政部发展改革委人民银行关于在公共服务领域推广政府和社会资本合作模式指导意见的通知》〔2015〕明确要求树立平等协商的理念，按照权责对等原则合理分配项目风险，正确识别、计量和控制风险。为了激励社会资本参与PPP项目，政府可以通过风险担保（guarantees）合理分担PPP项目部分风险，优化风险结构，促进项目顺利实施，实现公众、社会资本和政府共赢。PPP不是政府的免费午餐，政府对担保总额一定要实行限额控制，同时要加强风险分配、估值、管理工作，防范政府债务系统性风险。

为了借鉴国际较为成熟的PPP项目风险分配与估值、政府风险担保的知识、方法和经验，财政部PPP中心组织翻译了世界银行于2007年出版的《Government Guarantees: Allocating and Valuing Risk in Privately Financed Infrastructure Projects》，旨在帮助政府机构提高PPP项目风险管理能力。本书共八章。第一章是概述；第二章主要介绍各国政府风险担保的历史；第三章重点阐述影响正确决策和行动的认知和利益相关方博弈障碍；第四章对风险进行定义，提出风险分配原则，介绍政府特质对应用风险分配原则的影响；第五章按照风险分配原则对汇率风险、企业资不抵债风险和政策风险进行分配；第六章讲解了如何通过完善规则提高政府风险担保决策水平；第七章介绍了风险度量指标和估值方法；第八章对汇率风险、企业资不抵债风险和政策风险进行度量和估值。

  他山之石，可以攻玉。财政部PPP中心希望通过翻译、整理和出版一系列国外PPP专业资料，帮助国内各位参与PPP改革的同仁对PPP模式及相关专业知识和实践有一个更全面深入了解，以利于我国PPP改革事业科学规范可持续发展。

财政部政府和社会资本合作中心

2015年12月

英文版前言

政府希望社会资本投资基础设施项目建设运营，社会资本则希望政府承担一部分风险。比如，社会资本要求政府在需求低于预测时给予补贴，在破产时代为偿还债务；至少，社会资本希望政府允许他们收费或者给予相应补贴。本书旨在帮助政府应对社会资本诸如此类的要求。

本书力图对"风险应由能对它进行最佳管理的一方承担"这一耳熟能详的原则做更准确的理解，并在此基础上论述政府在做风险担保决策时该如何对它进行评估，如何改善公共管理能力，提高风险担保决策能力。

尽管本书的主要对象是政府及其顾问，但也可以引起其他读者的兴趣，因为不只是政府需要对风险进行分配和估值。尽管本书主要关注基础设施领域，但教育、医疗和其他公共服务领域的PPP从业者也会从本书得到启发。

目　　录

1 概述 …………………………………………………………… 1
   1.1 风险分配 ………………………………………………… 4
   1.2 风险估值 ………………………………………………… 6
   1.3 规则 ……………………………………………………… 7

2 历史经验 ……………………………………………………… 9
   2.1 早期政府风险担保 ……………………………………… 9
      2.1.1 波尔多大桥 ……………………………………… 10
      2.1.2 美国运河 ………………………………………… 11
      2.1.3 早期铁路项目担保 ……………………………… 11
      2.1.4 铁路项目担保应用广泛 ………………………… 12
   2.2 政府风险担保普及 ……………………………………… 13
   2.3 做事就要承担风险 ……………………………………… 16
      2.3.1 法国运河 ………………………………………… 17
      2.3.2 法国铁路 ………………………………………… 18
      2.3.3 西班牙公路 ……………………………………… 18
      2.3.4 英国例外 ………………………………………… 19
   2.4 政府尽量不给投资者可管理的风险提供担保 ………… 20
      2.4.1 印度和阿根廷铁路 ……………………………… 20
      2.4.2 对收入而非回报提供风险担保：现代收费
           公路的做法 ……………………………………… 21

2.4.3	政府不能兜底全部风险	22
2.4.4	只对部分损失进行补偿	23
2.4.5	担保是有偿的而非无偿资助	24

2.5 政府仔细选择确实需要的担保 24
  2.5.1 如果风险担保不以绩效为基础 24
  2.5.2 如果按单位里程提供风险担保 25
  2.5.3 如果风险担保限于部分线路 26
  2.5.4 如果风险担保仅针对债务而非权益 27

2.6 管理所担保的风险 28

2.7 有进步吗？ 29

3 好决策的障碍 31

3.1 认知障碍 31
  3.1.1 风险已知情况下的决策难题 32
  3.1.2 概率判断的难题 36
  3.1.3 政府与个人的难题 39

3.2 利益群体博弈障碍 40
  3.2.1 利益索取策略 40
  3.2.2 风险担保提案 41

3.3 克服障碍 42

4 风险分配原则 44

4.1 定义 44
  4.1.1 无风险项目 44
  4.1.2 风险 45
  4.1.3 特定风险 47
  4.1.4 项目总价值风险分配 50
  4.1.5 风险分配方式的影响 50

4.2 原则 52

4.2.1 将风险分配给能最有效影响风险因子的利益相关者 …… 53
4.2.2 将风险分配给能最有效预期或应对风险因子的利益相关者 …… 54
4.2.3 将风险分配给能最有效吸收风险因子的利益相关者 …… 56
4.2.4 风险与权利的匹配 …… 57
4.2.5 风险分配原则在四类风险中的运用 …… 58
4.2.6 交易成本 …… 59

4.3 政府特质 …… 60
4.3.1 吸收风险的能力 …… 60
4.3.2 强制分散风险的能力 …… 61
4.3.3 为贷款提供补贴的能力 …… 62
4.3.4 在资源再分配中的角色 …… 63
4.3.5 财务激励敏感性有限 …… 64

5 三种风险分配 …… 65

5.1 汇率风险 …… 65
5.1.1 货币风险分类 …… 67
5.1.2 可贸易投入物的价格 …… 68
5.1.3 外币借款风险 …… 69
5.1.4 启示 …… 70

5.2 企业资不抵债风险 …… 71
5.2.1 企业资不抵债风险的显性与隐性分配 …… 72
5.2.2 谁应承担企业资不抵债风险？ …… 76
5.2.3 政府应如何避免承担隐性风险？ …… 77
5.2.4 限定政府必须承担的企业资不抵债风险：风险与权利的匹配 …… 78

5.3 政策风险 …… 79
5.3.1 政策风险在基础设施中的重要性 …… 80
5.3.2 基础设施投资博弈 …… 81

5.3.3　谁应承担政策风险？ ………………………………………… 84
5.3.4　如何分配政策风险？ ………………………………………… 85
5.3.5　政府要切实承担政策风险 …………………………………… 89

6　规　则 …………………………………………………………………… 93

6.1　由重视未来成本者进行决策 ………………………………………… 94
6.2　收费 …………………………………………………………………… 96
6.3　制定标准并要求分析评估 …………………………………………… 97
6.4　利用市场对政府风险担保进行估值 ………………………………… 100
6.5　采用现代会计准则进行报告 ………………………………………… 101
　　6.5.1　采用更好的会计准则 …………………………………… 103
　　6.5.2　何时确认政府风险担保和长期采购合同？ …………… 104
6.6　披露额外信息 ………………………………………………………… 107
6.7　为政府风险担保安排预算 …………………………………………… 109
　　6.7.1　对政府风险敞口和风险担保成本设定上限 …………… 109
　　6.7.2　采用权责发生制会计准则编制预算 …………………… 110
　　6.7.3　设立基金 ………………………………………………… 112

7　风险度量和估值 ………………………………………………………… 115

7.1　识别风险敞口 ………………………………………………………… 116
7.2　度量风险敞口 ………………………………………………………… 117
　　7.2.1　收益与损失的概率分布 ………………………………… 117
　　7.2.2　政府支付的最大值与最小值 …………………………… 119
　　7.2.3　期望支付 ………………………………………………… 119
　　7.2.4　超额支付概率与在险现金流 …………………………… 120
　　7.2.5　风险组合与相关关系 …………………………………… 121
　　7.2.6　特定时间点风险因子模型 ……………………………… 122
　　7.2.7　可变风险因子模型 ……………………………………… 122
　　7.2.8　表面建模与结构建模 …………………………………… 124

目录

  7.2.9 公式与蒙特卡洛模拟 ………………………………… 125
  7.2.10 风险组合及相关性分析 ……………………………… 127
 7.3 风险敞口估值 ……………………………………………… 127
  7.3.1 考虑时间而忽略风险价格 …………………………… 128
  7.3.2 显性估算风险价格 …………………………………… 131
  7.3.3 隐性估算风险价格：风险中性定价 ………………… 137

8 三种风险估值 …………………………………………………… 140

 8.1 汇率风险 …………………………………………………… 140
  8.1.1 构建汇率模型 ………………………………………… 140
  8.1.2 汇率风险敞口度量 …………………………………… 141
  8.1.3 汇率风险敞口估值 …………………………………… 144
 8.2 企业资不抵债风险 ………………………………………… 144
  8.2.1 债务风险担保 ………………………………………… 144
  8.2.2 公用事业长期购买合同的政府风险担保 …………… 150
 8.3 政策风险 …………………………………………………… 154
  8.3.1 政府应该评估其政策风险敞口吗？ ………………… 155
  8.3.2 征用风险 ……………………………………………… 156
  8.3.3 价格管制风险 ………………………………………… 157

附录 ………………………………………………………………… 160

参考文献 …………………………………………………………… 167

英文版致谢 ………………………………………………………… 190

后记 ………………………………………………………………… 191

1 概　　述

　　政府风险担保（government guarantees）[①]可以使政府在不需要立即发生支出的情况下，引入社会资本建设运营基础设施，充分发挥社会资本的专业技能和创新进取精神。因此，采用各种政府风险担保措施促进社会资本参与基础设施项目很有吸引力。当然，政府风险担保也会带来问题。

　　例如，在20世纪90年代，韩国政府为一条社会资本融资建成的公路提供风险担保，保证其未来二十年预期收入的90%。这条公路连接首尔和仁川机场。在此项目中，政府无需预先支付任何投资，并且当实际收入高于预期收入的110%时，高出部分归政府所有。然而，在2000年公路通车后，实际收入不到预期的一半，政府每年不得不向社会资本支付数千万美元的补偿。在整个担保期内，韩国政府每年的支付额不确定，但其总的现值约为15亿美元（Irwin 2004）。

　　韩国政府为该项目提供风险担保并不一定是错误的，但的确值得思考。韩国政府是否真的需要承担项目的需求风险？在决定提供风险担保前估算成本了吗？如果估算了成本，是否应当在政府账目中披露？进一步讲，采用传统政府投资模式建设该公路会不会成本更小？或者不向社会资本提供收入风险担保（如有必要可直接给予补贴）会不会更好？

[①] Guarantee 可以指在某人还不起债的情况下为此人还债的一项协议，或者是某人确保特定的其他人所承担义务得到履行的一项协议。在这层意义上，它总是次生义务（Goode 2004；O'Donovan 和 Phillips 2003）。但是它也被更广义地使用，指确保产生特定结果的事物。因此，"政府风险担保"可以但不必然是狭义范畴，其法律形式可以包括补偿（indemnity）、保险（insurance policy）、金融期权（financial option）和其他承诺（undertaking）等。在本书中，政府风险担保指这样一类协议，在此类协议中，政府承担项目的部分或全部下行风险，而不是作为该项目的股东、债权人、用户或纳税人的身份。

尽管从19世纪早期以来政府风险担保就被用于基础设施融资，但目前上述问题依然难以解答。以阿根廷为例[①]，政府保证铁路投资者获得6%到7%的资本金收益率，不仅吸引到了国外资本市场的投资，也反映出政府必须提供同其他国家一样的优惠政策才能在吸引外资方面具备竞争力。然而，阿根廷政府并不总是有足够的资金履行承诺，一部分原因是难以在编制预算时准确预计未来补偿金额，另一部分原因是通常在税收下滑时政府反而不得不向社会资本兑现更多风险担保。结果，政府风险担保加剧了财政危机：

导致脆弱的阿根廷经济崩溃的重要原因是政府为铁路提供了风险担保，并将其作为一项主要的政府义务来承担。那时，许多企业都得到政府的长期承诺。事实上，许多企业创立的目的仅仅在于获得政府风险担保（Colin Lewis 1983，86）。

政府风险担保也不总是引发上述问题。智利政府为社会资本融资的收费公路提供了大量收入风险担保和少量汇率风险担保。收入风险担保通常会保障特许经营者投资和运营维护成本的现值的70%，期限可达20年，前期可担保预测收入的85%，随后逐步降低比例。到目前为止，政府通过此类担保吸引了大量投资，却不需要兑现多少担保。

不过即便在智利，政府风险担保仍然会引发一些问题。经济衰退会导致交通通行量增速低于预期，可能在税收收入低迷时期引发许多政府风险担保被兑现。这种风险有多严重？政府怎样评估风险？政府未偿债务估值多少？政府是否应当为未来债务支付的可能性未雨绸缪？

这些由政府风险担保带来的问题对于发展中国家固然迫在眉睫，但并不仅仅发生在发展中国家。仅举一例，澳大利亚新南威尔士州在20世纪90年代早期为悉尼港隧道项目提供收入风险担保。由于所预计的通行费收入不足以支付隧道的成本，根据"收入保障协议"，政府会向隧道公司支付所担保的收入与实际通行费收入之间的差额，也因此由政府而非隧道公司承担需求风险。州审计署指出，该项目的公共属性强于社会资本属

[①] Colin Lewis（1983）和 Winthrop Wright（1974）探讨了19世纪阿根廷的政府风险担保。

性，且从会计角度看，隧道及其负债应归属政府。州审计署对负责隧道建设的政府部门的财务报表进行审计后认为，该政府部门名义上采用社会资本投资和运营，实际上仍是公共资金投资，其部分原因是为了规避公共债务的上限约束（澳大利亚新南威尔士州政府审计署 1994）。

政府在提供风险担保方面很难做出好的决策。首先，对于政府应当为社会资本融资项目提供哪些风险担保，专家和顾问们始终观点不统一。政府是否应当承担收费公路的需求风险？当社会资本借入外汇时，政府是否应当提供汇率风险担保？或者政府是否应当在本国货币贬值时通过涨价来保护投资者免受汇率波动风险？当项目被终止时，政府是否应当保障债权人不受损失？由政策变化给投资者带来的损失是否也应由政府给予补偿？针对任何政策变化都给予补偿，还是只针对部分政策变化给予补偿，抑或任何政策变化都不予补偿？对于上述问题众说纷纭，看法不一。

风险最优分配方面的困难与其它相关问题搅在一起。首先，政治会推动或怂恿政府承担更多风险，超出公共利益所需。各方面利益群体都会向政府提交提案，要求补贴，但成本最为透明的提案往往会被拒绝，除非其受益者是被广泛认可的。成功的提案往往成本不透明，并给出了如何有利于国家而不仅仅是价值再分配的理由。关于政府风险担保的提案一般能够符合这些成功标准，尤其是当政府会计和预算不能确认风险担保的成本时，此类提案还会提供风险分担的合理依据，并且纳税人不大可能弄明白政府风险担保的成本。

其次，即使在没有政治压力的情况下，政府决策还是很难。心理学研究表明，人们努力对风险做出准确判断，却不能最佳利用那些不甚完美的风险判断。例如，大多数人对自己的判断过于自信，因此高估了这个世界的可预测程度。政府的决策者也可能出现同样的问题，在做出风险担保决策时低估政府将承担的风险。他们也可能会基于自己的判断做出不合理的风险担保决策，因为研究表明，仅仅由于选择框架的改变，人们就能从风险厌恶者转变成风险偏好者。他们还可能会成为非理性的风险规避者，对风险逐个加以考虑，而不是从整体资产及负债投资组合的角度考虑。如果因为韩国和阿根廷的例子就对政府风险担保会产生的风险过于敏感，政府在承担项目中小风险时就会产生不必要的顾虑。

总之，政府很容易做出不好的风险担保决策。对这一问题没有简单的解决办法，但如果能满足以下三个条件，就更可能做出好的决策：

第一，政府的顾问和决策者要按照风险分配原则，判断在什么情况下提供风险担保是合理的；

第二，政府的顾问知道如何估算风险担保的成本；

第三，政府的决策者遵循审慎考量风险担保的成本和收益的原则。

1.1 风险分配

要判断政府应在什么情况下承担风险，就需要风险分配原则。为此，首先需要阐明风险的含义。

所谓风险，是在价值上不可预知的变化，既包括意外之喜的可能性，也包括无妄之灾的可能性。项目风险是项目总价值的不可预知的变化，不但要考虑企业的价值，还要考虑归于用户、政府及其他利益相关者的价值。其中，利益相关者的风险是其在项目中的利益值不可预知的变化。

具体风险也能被定义。需求风险是指需求不可预知的变化引起的价值不可预知的变化。建设成本风险是指建设成本不可预知的变化引起的价值不可预知的变化。因此，风险一词既指项目的总风险，也指各类具体风险的组合。本书将风险来源表述为风险因子。

风险应该如何分配？传统答案是将每一项风险分配给能对它进行最佳管理的一方。这个答案看似正确，但太模糊，不具有实用性。以下原则试图将其具体化：为使项目总价值最大化，每一项风险都应与其相应的决策权一起被分配，并要考虑各参与方的以下能力：

第一，影响相应风险因子的能力；

第二，影响项目总价值对相应风险因子的敏感性的能力——比如预期或应对风险因子的能力；

第三，吸收风险的能力。

由此，本书指出了风险管理的三种途径。首先，有时一些人能影响风险因子，即能采取行动改善或恶化风险结果。例如，建设承包商通过对材料、技术的选择和对工人的管理，改变建设成本。如果没有其他人可以管理建设成本风险，原则上该风险应分配给建设承包商。这样的风险分配并不能消除风险，建设承包商的利润将是不确定的，但与将建设成本风险分配给其他人相比，这样做更易于降低成本，增加项目总价值。

其次，有时一些人能影响项目价值对风险因子的敏感性。例如，地震属于不可抗力因素，但通过仔细甄选项目的地理位置，企业或政府能减少地震造成的损失。如果某风险是可预期的，项目价值对于该风险的因子的敏感度就降低了。也有一些人能应对风险因子的变化。例如，一些企业能够随不同投入的价格变化调整各种投入的量，利用一种投入带来的上行风险，化解另一种投入带来的下行风险。原则上说，其他条件相同时，能够对风险因子做出最佳预期或应对的一方应当承担此风险。

再次，有时没有人能影响、预期或应对某一风险因子，那么风险应该被分配给最容易吸收该风险的一方，即能以最低成本承担不可变风险的一方。例如，用户可以在支付的服务价格中吸收通货膨胀风险，因为他们的收入会随着通货膨胀而增加。企业或政府能够吸收风险，因为可以通过购买金融衍生品免遭风险。分配给企业的风险最终由股东承担，股东很容易吸收风险，因为股东拥有投资组合。

政府在对承担某一具体项目中的某一风险进行决策时，应用上述风险分配原则会存在困难。政府、风险和项目的细节至关重要。因此，对于政府是否应承担某些风险这个问题，不存在明确的普适性建议。虽然没能给出定论，但本书论述了政府应当倾向于承担那些其能够掌控或施加重大影响的风险，例如与价格和质量标准相关的风险。政府这么做的方法之一是与企业签订合约，以特定方式设定价格和质量标准，并承诺在价格和质量标准政策变化时补偿企业。政府有时会对其他风险因子产生强烈影响，例如对公路的需求在很大程度上取决于政府所规划的道路网中相互竞争或者相互补充的道路的建设。在这种情况下，由政府承担需求风险是合理的，承担措施有提供收入风险担保、为公路提供资金、向公路公司作出与车流量不挂钩的付费承诺等。

本书还讨论了政府是否应为汇率风险或者整体经济层面的其他风险买

单。虽然政府往往能够对这些风险因子施加影响，但通常不应为某一个项目而调整经济政策。此外，虽然企业及其债权人难以对整体经济层面的风险因子施加影响，但却可以改变项目价值对这些风险因子的敏感性，例如，外汇借贷范围的选择会直接影响汇率风险对项目价值影响的敏感程度。同样的原因，政府通常不应通过为企业的债务提供无条件风险担保来承担企业资不抵债风险。

风险分配原则还指出，政府应承担的风险取决于相应决策权的分配。移交的决策权越多，可合理转移的风险就越多。反之，政府应该保留的决策权取决于其承担的风险。例如，如果政府提供汇率风险担保，就不应给予企业决定外币借贷额度的权利。

1.2 风险估值

即使政府对风险担保有了全面的认识，并不确保能做出正确的决策。政治和心理因素也会影响决策。为了进一步提高政府的决策能力，为了巩固这种好处，需要预估纳入政府考虑范围的风险担保的成本。换句话说，需要评估那些风险担保的价值。估值为政策制定者的直觉判断提供定量的补充信息，减少在项目总价值不大可能增加情况下承担风险的冲动。

虽然估值的一些细节技术性强，但主体思路很简单。第一步是识别政府考虑承担的风险。项目中政府的财务权利和义务各是什么？哪些风险因子（需求、建设成本等）决定政府履行这些权利义务将发生的收支？

建立风险因子模型后，下一步就是估计政府承担的风险，即对下述问题进行解答：政府最有可能损失的是什么？预计将损失多少？发生大规模损失的概率是多少？举一个简单例子，假设政府投掷四次硬币，并承诺每次硬币正面朝上就付给企业 1 美元。此时政府的最大损失为 4 美元。损失的期望（即多次重复投掷的平均损失）为 2 美元。可以发现，政府损失 4 美元的概率为 1/16（$1/2 \times 1/2 \times 1/2 \times 1/2$）。

第三步是估计政府提供风险担保的成本。这需要结合支付时间和政府因风险担保而面临的风险，对期望支付额进行调整。因支付时间而调整期望支付额相对简单。发生在未来的支付比发生在当前的支付成本更低，所以未来的支付需要以一个利率（无风险利率）进行折现，反映货币的时间价值。因政府面临的风险而调整期望支付额相对困难，实践中经常设法避开这个问题。但是，大部分风险担保的价值都会高于以无风险利率折现的期望值，因此，政府如果忽略其面临的风险的成本，可能会提供过多的风险担保。幸运的是，金融市场有广为采用的对风险承担成本进行估值的方法。

1.3　规则

通过具体项目具体处理，可以改善政府的风险担保决策；随着对风险分配原则的深入理解和风险估值能力的不断提升，政府能够对每个具体项目做出更好的决策。此外，还可以利用规则来改善政府的风险担保决策。尤其是政府能够修改规则，尽力确保决策者获得相关信息，激励决策者以公众利益为重。

会计准则至关重要。在收付实现制会计下，政府忽视不会立即产生现金支出或收入的决策的成本。现代权责发生制会计则要求，至少要在当期确认未来的某些支付义务。最佳会计准则要求确认由政府风险担保带来的债务。此外，现代权责发生制会计即使不要求确认债务，往往也会要求在会计报表的附注中披露相关信息。

预算制度也很重要。良好的预算制度要求政府同时审查各种支出方案，从而进行权衡。对于政府的风险承担决策，也应如此处理。预算除了包括现金支出，还应包括非现金支出。由担保产生的1美元成本，应像1美元现金支出一样计入预算。好的会计准则有助于预算安排，但即便是最佳会计准则都会忽略某些风险及其成本，更何况大多数政府还未采用最佳会计准则。

为此，可以采用补充性措施，确保政府风险担保被计入政府的成本。一些国家设立基金，弥补会计制度的不足，也帮助管理政府风险担保的现金支出风险。当某个政府部门要提供一项风险担保时，政府可以要求该部门按照该项担保的成本估值向基金注入资金。一旦风险担保要兑现，则由基金全部或部分支付。

政府也可以通过修改规则，从外部获得改善风险担保决策的帮助。通过立法，要求公开披露合同及其他材料，可以给公众对政府决策进行评论或批评的机会。外部批评让政府烦恼，但会提高政府决策水平。政府还可以要求企业为风险担保付费，意味着企业也参与决定是否需要该项担保，这可以降低政府提供成本高于收益风险担保的几率。

2

历史经验

政府风险担保由来已久，可以从历史实践中汲取相关经验。其中一条经验是，如果政府希望避免提供风险担保，就要准备好放弃对投资决策的部分掌控，例如，接受投资落地比政府所希望的要晚。如果政府不想放弃掌控，就不得不提供风险担保；政府也可以自己投资，但这又以另一种方式承担了风险。其他历史经验都是关于政府已经决定提供风险担保之后的，主要认为政府应当：

- 确保风险担保不影响社会资本承担其擅长管理的风险；
- 确保风险担保支持了政府希望支持的项目；
- 管理因提供风险担保而承担的风险。

2.1 早期政府风险担保

具有近四千年历史的汉谟拉比法典中有这样的规定：如果某部落领地内发生了盗窃案且未能破案，该部落应对被盗人予以补偿。这可能是关于政府风险担保的最早记载。[1] 政府风险担保同样出现在古罗马。早在公元前508年或509年，罗马和迦太基签订了一项协议，其中就有政府风险担保的内容，且与现在新兴市场国家对国外投资者投资本国公用事业所提供的担保并无不同。[2] 协议中有这样的阐述："在利比亚或者撒丁岛，罗马

---

[1] 见汉谟拉比法典22–23页（许多网站有该资料），以及Morgan（1927，154）。

[2] Livy（2006，192–93）。Suetonius（1914，第18章），另一位研究古罗马的历史学家，在书中描述了Claudius皇帝在位期间（公元41至54年）提供的一个类似担保："他采取一切可能的措施保证为罗马带来粮食，尤其是在冬季。一旦有商人遭受风暴的侵袭而造成损失，都将获得补偿，以此来保证商人一定能获利"。在Bezançon（2004）的《PPP的2000年历史》中也有类似记载。

籍商人若想通商，必须有传令官或者书记官的见证。在他们的见证下，罗马商人向零售商出售的任何商品的价格都会获得迦太基政府的担保"（Polybius 1922，55 –57）。

根据历史学家 Livy 对古罗马的研究，在公元前 215 年，罗马在与迦太基的战争中运用政府风险担保，获得了社会资本的资金来保障军需。当时军队亟需粮食、衣物等物资，政府却没有资金，税收前景也不乐观。于是，政府以招标的方式吸引社会资本承包商，并表示一旦国库获得资金，将首先对其进行偿付。三家承包商参与了投标，但无一例外都要求政府为敌人袭击和极端天气带来的风险提供担保。政府同意提供风险担保，"利用社会资本的资金办理了国家事务"。最初，Livy 赞同这种安排，他认为"承包商认真履约，这与政府提供风险担保是匹配的。士兵们在所有方面的配备都与财政资金充沛时没有差别。"但后来他改变了看法，他在书中这样写道：

由于政府风险担保承担了承包商海运军需物资时遇到风暴的风险，两家承包商虚构了沉船事故。甚至确有发生的沉船事故也并非由于意外，而是由于承包商的欺诈行为。他们将少量便宜货物置于年久失修的商船上，然后将这些商船沉于大海，再用早已准备好的小船救起船员，最后向政府报告比实际超出数倍的货物损失（Livy 2006，255）。

2.1.1 波尔多大桥

在 19 世纪初，出现了各种各样的风险担保。1817 年，第一个政府风险担保出现在法国，当时政府正把注意力从战争转移到交通基础设施建设。第一步是授予波尔多大桥的特许经营权。[①] 政府负责建设和维护桥梁。特许权获得者负责大桥的清洁及夜间照明工作，以及最重要的是，为建造桥梁支付 200 万法郎。作为回报，特许权获得者得到了 99 年的通行收费权。如果年收入低于 19 万法郎，政府会弥补半数的差额。如果年收入超过 25 万法郎，政府会得到半数的盈余。

---

① 详见 Reverdy（2004）和《法律允许接受社会资本提供的 200 万法郎以建成波尔多大桥》。

这个特许经营项目及收入风险担保的成功，鼓舞了其他提案。与此同时，分管桥梁、道路及矿产资源的局长 Louis Becquey 说服政府推进一项雄心勃勃的运河建设计划（Geiger 1994）。Becquey 垂青社会资本，但也认为某些形式的政府支持是必要的，至少是在实现部分运河的建设上。他特别注意到，精确估计收费收入是临时性或永久性特许经营权谈判中的最大难点之一。因为只有在项目竣工很长一段时间后，才能知道收费收入的实际金额。① 他认为，在波尔多大桥项目中用到的收入风险担保是解决这一难题的方法。然而，正如下文所述，实际情况表明 Becquey 的提议并不成功。

2.1.2 美国运河

几乎与法国同时，美国也将政府风险担保运用于运河建设。1819 年，宾夕法尼亚州政府向联合运河公司的股东保证将获得 6% 分红。联合运河公司致力于开通一条连接 Susquehanna 的 Middletown 和 Schuylkill 的 Reading 的运河。② 早在 1792 年，运河工作就已启动，但很快停滞不前。1811 年，一家新公司成立并承接了这项工作。宾夕法尼亚州议会给予这家公司州内彩票发行的专卖权，来帮助其融资。在未取得任何进展的情况下，这家公司于 1819 年 2 月向州议会申请政府直接投资（这在当时的美国十分普遍）。③ 州议会拒绝了这一申请，但允许公司向公众发行更多股票。这一尝试也未能成功，直到 3 月份，州议会同意以政府的彩票收费为股息支付做出担保，从而提供必要的资金。正是因为这项风险担保，1821 年运河动工，1827 年正式开通。

2.1.3 早期铁路项目担保

第一个铁路项目的政府风险担保应当是在美国。早在 1833 年，马里

---

① 见 Becquey (1820, 12)，也参见 Geiger (1994, 134)。
② 见一项补充法案《An Act to Incorporate the Union Canal Company of Pennsylvania》，日期为 1819 年 3 月 29 日。
③ 美国多年来一直支持社会资本基础设施公司。Holbrook (1947, 45) 指出，"在弗吉尼亚州有这样一项政策，通过认购运河、收费公路、收费桥梁的股票来鼓励交通的发展。"

兰州政府授权 Baltimore and Susquehanna 铁路公司借款 35 万美元，并且依据相关条款，同意对最高可达 5% 的利息支付提供风险担保，期限为 40 年。① 由此也开启了美国铁路建设采用债务风险担保的传统，一直延续到今天。②

1838 年，荷兰威廉一世为阿姆斯特丹至阿纳姆的铁路做出担保，这也是欧洲的第一个政府风险担保（Veenendaal 1995，189）。荷兰国会拒绝批准在铁路方面动用公共支出，国王只好以个人名义为修建铁路的借款提供风险担保。第一个向铁路投资者提供风险担保的欧洲政府是波兰，尽管当时其正处在俄罗斯的控制下。1838 年，沙皇尼古拉斯一世（Haywood 1969，195-97；Westwood 1964，25）批准了为华沙至奥匈帝国边境的铁路提供风险担保，担保股息率为 4%（该担保的实际收益可能高于名义收益，因为担保证券可能是折价出售的）。

2.1.4 铁路项目担保应用广泛

早在 1837 年，法国就计划为铁路项目提供政府风险担保，但直到 1840 年，才首次为确保 Paris-Orléans 铁路的建成提供收益率为 4% 的担保。Paris-Orléans 铁路项目曾因为"疯狂的炒作"、"腐败"和"经济衰退"等问题陷入困境（Doukas，1945，20）。③ 法国政府的决策似乎具有影响力④，随着各国政府力图加快铁路建设，政府风险担保传遍了全世界。很多国家都采用了政府风险担保，包括奥匈帝国、德国、意大利、葡萄牙、西班牙、瑞典等欧洲国家以及法国殖民地（如海地和突尼斯等）、英国殖民地（如澳大利亚、加拿大、印度、新西兰、南非和斯里兰卡）、

---

① 详见发表于 1833 年 3 月的《A Further Supplement to an Act to Incorporate the Baltimore and Susquehanna Rail Road Company》第二章。
② 目前，联邦铁路管理局根据铁路修复和改善计划提供债务担保（http://www.fra.dot.gov/us/content/177）。
③ 参见《巴黎至奥尔良铁路法》（Dvergier 1840 年，40 卷，265-81），也参见 Thévenez with Manesse（1909 年，8）。
④ 参见 Haywood（1969，196）、MacPherson（1955，180）、Thorner（1977［1950］，55）以及 Westwood（1964，39），了解法国政府风险担保产生的影响。

前西班牙殖民地（如阿根廷、秘鲁、乌拉圭和委内瑞拉）和巴西。日本、波斯和奥斯曼帝国等国家虽然没有被殖民，但却深受西方实践的影响。①在澳大利亚和新西兰等国家，政府风险担保是例外事项。在其他国家，如阿根廷、加拿大和印度，政府风险担保写入了法令。

2.2 政府风险担保普及

为什么各国政府都愿意采用风险担保？一部分原因在于，用风险担保来推动新建交通基础设施非常合算。在法国，Becquey 认为运河将减缓道路的损耗，降低运输成本，提升经济增长速度，增加政府财政收入，培养社会资本的主动性，帮助发展资本市场（Geiger, 1984, 331 - 32）。1849 年，加拿大颁布的第一部《铁路担保法》宣称："在任何国家，方便快捷的铁路运输将人口和贸易的主要中心与更偏远的地区连接起来。这不仅仅是有利的，更是进步与繁荣所必不可少的。"更好的交通连接有助于政治家们建设民族国家的计划，也使得军队在战争时调动起来更快。

还有一种广泛持有的信念：运河和铁路应采用社会资本的资金建设，部分原因在于社会资本更高效，还有部分原因在于政府负担不起成本。因此，大多数政府转向社会资本。然而若是没有政府风险担保或其他形式的

---

① 葡萄牙的案例参见 Birmingham（2003, 139）。德国的案例参见 Dunlavy（1994）。奥匈帝国和瑞典的案例参见 Faith（1990, 74 - 75）。意大利和西班牙的案例参见 Ville（1990, 134 - 38）。海地、突尼斯等案例参见 Staley（1935, 132, 281, and 336）。巴西的案例参见 Summerhill（1998）。阿根廷的案例参见 W. Wright（1974）。秘鲁的案例参见 http://www.perutren.org/english/fcc-en.html。乌拉圭的案例参见 Burton（1994, 123）。委内瑞拉的案例参见 Staley（1935, 131）。澳大利亚的案例参见 Australian Heritage Commission（2003，第 5 章）以及 Government of Tasmania's 1870 Act to Amend "The Main Line of Railway Act"。加拿大的案例参见 1849 Act to Provide for Affording the Guarantee of the Province to the Bonds of Rail-Way Companies on Certain Terms and Conditions 以及 A. Currie（1957，第 1 章）。印度的案例参见 Thorner（1977 [1950]）。新西兰的案例参见 the District Railways Act of 1877 以及 Leitch（1972, 138 - 39）。南非的案例参见 Burton（1994, 191, 201）。斯里兰卡的案例参见 Burton（1994, 166）以及 Thorner（1977 [1950], 125）。波斯的案例参见 Staley（1935, 127）。日本的案例参见 Ericson（1996）。奥斯曼帝国的案例参见 Karkar（1972）。在某些案例中，作者所描述的政府风险担保也可能是其他事项，例如由政府单独支付一定数额的款项作为修建铁路的回报。

支持，社会资本也往往会退缩。

投资者的不积极一方面会导致官员和政治家们修正对运河和铁路价值的估计，但另一方面也推动了他们对政府支持的探讨。这与今天所听到的极为相似。一些政治家提出，本地资本市场发展不足。例如，刚刚引用的加拿大担保法案的第一条接着涉及到"新"国家的资金短缺问题。（禁止高利贷法律和缺乏对股东责任的自动限制也可能阻碍筹资）。其他政治家认为，新交通线路的公共利益超过了为使用者和投资者带来的好处，因此在缺乏政府支持时，投资极少。在1818年，一个美国国会议员抓住了当今经济学中外部性和交易成本方面所讨论的重点：

> 公共改善［如道路和运河］充分证明资本在其投资过程中能给全社会带来利益，这些利益可分布在完全不同而又相距遥远的人群中，这些人群永远无法一致行动……我认为，投资于公共改善的资本家，很可能每年连百分之三的回报都得不到。然而，实际上社会却可能会以各种形式获得15%或20%的回报。社会资本修建的收费高速公路所产生的利益，会在获得通行费收入的资本家、公路途经的升值土地和减少了运输成本而升值的商品之间被分配。……将所有这些利益简单组合起来以形成公共改善是行不通的。如果期待仅仅收费就能带来足够的红利，很明显将不得不暂停收费计划的执行，直到很久以后，社会普遍利益方认可它才行。[1]

政府修建铁路有时是出于对军事或国家建设的考量，而社会资本极少考虑上述因素。这种情况下，关于政府支持的争论就变得更为激烈。当风险担保变得普遍，支持者也认为，他们必须在竞争性的全球市场吸引资本（参见Colin Lewis 1983，11；Thorner 1977［1950］，125）。

当政治家们动摇时，铁路项目的倡导者会迅速再去游说他们，有时甚至行贿，以继续获得他们的支持。[2] 在某些情况下，媒体也会站在倡导者阵营中。例如，伦敦时报曾撰文抱怨印度政府最初的担保政策"繁杂琐

---

[1] The Annals of Congress, 15th Congress（十五届国会年鉴），1817–19, p. 1377.
[2] Thorner（1977［1950］）对印度铁路发起人的努力进行了详细阐述。Faith（1990）、Westwood（1964）和W. Wright（1974）讨论了贿赂问题。

碎、畏首畏尾"（Thorner 1977［1950］, 127），《经济学人》的编辑也曾积极支持政府风险担保（Thorner 1977［1950］, 第6章）。

政府风险担保也是有争议的。在荷兰，它遭到反对，因为会使得经理人"减弱采用管理措施节约成本的兴趣"（Veenendaal 1995, 191）。在印度，政府官员担心将风险分配给政府会扭曲投资决策：如果一个项目没有政府对股利的支持就不能维持适度利润，那么鼓励这样的项目并非政府所愿，也不是政府利益所在（Thorner 1977［1950］, 88）。并不是每个人都接受这样的观点，即一个国家的政府风险担保能证明另一个国家的政府风险担保是合理的。当航运巨头 William Mackinnon 因乌干达铁路向英国政府寻求每年3万–4万英镑的风险担保时，英国财政大臣回答说，"贵公司认为外国政府给外国企业大量补贴可以证明甚至要求英国政府也应如此，但据我所知这还存在争议，并未被任何商业或经济层面的管理部门所接受"（Munro 1987, 228–29）。

然而，对于政府风险担保的讨论却很盛行。加拿大担保法案第一条的剩余部分概述了许多政府得出的结论：

政府的支持是必要的，并且可以在相当大程度上稳定地负担铁路建设；……遵照议会制定的宪章，在获得议会的批准后，根据公司所建造铁路的长度向公司提供政府风险担保是最佳的……。

大多数关于政府风险担保的讨论其实就是关于政府支持的一般性讨论，并非特别针对政府风险担保。而且，在提供收入风险担保和回报风险担保的同时，各国政府还通过贷款、购买股票、授予土地和补贴建设等方式给予支持。船舶公司通常会收到基于绩效的补贴，铁路公司偶尔也会得到补贴，这从未间断过。[①] 然而，政府在决定提供风险担保时所根据的原因和考虑总是不明确。

在法国关于其第一部铁路保障法的解释中，明确比较了贷款、股权投资、一次性补贴、最低收入风险担保的优点（Duvergier 1840, 卷40, 266–

[①] 1862年，在印度，"印度支线铁路公司得到政府20年的补贴，而不是风险担保"（Westwood 1974, 29）。法国政府给予埃塞俄比亚铁路补贴（Staley 1935, 279）。

68)。它指出，一次性补贴使政府不承担任何一条铁路的风险，适用于可预测利润的小型项目，但不适合利润不可预测的大型项目。相比之下，政府风险担保只是提供足够的资金来确保铁路盈利，不需过度慷慨的承担风险。此外，风险担保还有一个关键优势是政府无需立即支出。上述解释也涉及到风险担保可能有的不利之处，包括鼓励在铁路建设过程中不顾及公众利益的倾向，以及对政府借贷能力的影响。但如果不能令人信服，政府风险担保会被认为不严肃以至于被反对或在更深入的检查中消失。那么政府风险担保的声音最终将会消逝（Duvergier 1840，卷40，268），保证铁路每年获得百分之二回报的假设性讨论也只能开个头而不可能实现。

通常来看，提供风险担保的决策似乎反映了"实用主义的主导地位"（Fogel，1960，39）：交通基础设施是有价值的，它需要政府的支持，并且根据情况哪种形式的帮助更容易提供，政府就会这样提供。如果一个政府手头只有很少的资金，也没有土地可以授予，那很可能选择风险担保。法国政府在探讨第一个铁路风险担保时，可能也考虑了其他多种措施。法国铁路保障法没有提供"绝对的解决方案"，因为法国政府想要的是"解决问题的法律，而非原则性的法律"（Duvergier 1840，卷40，263，268）。

2.3 做事就要承担风险

考虑到存在诸多相互参杂的因素，也许不可能确定风险担保与其成本相比是否值得。确定的是，政府风险担保十分昂贵。在印度，政府最终即期支付了大约五千万英镑用于风险担保，而全英国的投资也只是一亿五千万英镑（Kerr 1995，17-18）。在阿根廷、俄罗斯和美国的几个州，政府风险担保的成本导致了财政危机（Goodrich 1974 [1960]；Colin Lewis 1983；Westwood 1964）。然而，政府风险担保也加快了极有价值的基础设施的建设。

虽然关于铁路对经济发展净贡献的研究很多，但很少有人考虑政府风险担保是不是一项好政策。William Summerhill 在巴西开展了这方面的研究。在早期鼓励铁路投资的努力失败后，巴西中央政府和省级政府都提供了风险担保。[1] Summerhill 估测了六项铁路风险担保所带来的私人和社会收益，结论认为这六项风险担保"产生了巨大的经济效益"（Summerhill 1998，543），因此，有政府风险担保的社会资本融资比纯粹的社会资本融资更好。Summerhill 的研究已经十分仔细和复杂，但也没有考虑风险担保是否比政府的其他措施更有效。假如使用公共财政资金，或者向社会资本按每年或每位乘客来提供补贴，那么巴西政府能否做得更好？

即使不能从历史证据看出政府风险担保是不是好政策，仍然可以从其使用和设计中借鉴经验。最普遍的经验教训是，如果政府要避免提供风险担保，就应该做好自行投资的准备（以别的方式承担风险）或放弃对投资决策的控制。法国的经验说明了这一问题，政府想要寻求社会资本来完成运河和铁路的建设，但又想控制建设——一个与法国精英信奉强大中央政府价值的信念相一致的奢望（Dobbin 1994）。

2.3.1 法国运河

Becquey 最初的运河计划是只依靠部分收入风险担保来融资，但投资者对此兴趣寥寥（Geiger 1994，第 5 章）。Becquey 认为中央规划的运河网络确有建设需要，因此政府应批准更大的支持。"投资者担心在评估预期收益时会出错，因此不愿投资于此类项目，"Becquey 写到，"政府应使投资者免受一切风险，使投资者在这件事上能够安心"（Geiger 1994，134）。

法国政府确实让投资者免受所有的收入下行风险和除此之外的大多数风险。政府与特殊目的运河公司订立了合同，合同约定公司把资金借给政府，政府则用运河收费收入偿还。[2] 如果收费收入不够，政府不得不从预

---

[1] 参见 Summerhill（1998，2003）。巴西第一条铁路的建设得到了 7% 的政府风险担保，其中 5% 来自中央政府，2% 来自里约热内卢省（Summerhill 1998，547）。参见 Fogel（1960）对美国铁路担保的描述。

[2] 参见《运河建成相关法律》，载于 Duvergier（1821，23 卷，332-35）。参见 Geiger（1994）。

算中补缺。除了"政府不支付"这一风险之外,运河公司的唯一风险是上行性的:一旦借款偿还结束,公司就分享利润。公司无需去建设和运营运河,但是对收费的变更有否决权。可见,政府掌控投资的愿望导致其承担大部分投资风险——这可以被认为本质上是公共融资,或是有极其慷慨的政府风险担保的社会资本融资。[①]

2.3.2 法国铁路

法国政府也在为铁路建设寻求社会资本融资,并再次坚持要能掌控(避免线路重复、英美铁路标准不匹配等问题)。因此,法国政府再次提供了慷慨的风险担保。[②] 回顾过去,1840 年政府做出了第一项风险担保(4%),1859 年经济危机促使政府推广风险担保制度。主要公司的铁路线路被分成新、旧两个网络:旧路网中的线路都是截至 1857 年已经在运营或正在建设的线路,新路网中的线路则是已规划而未动工的线路。政府保证投资者在新路网建设上的收益率达到 4.65%。在 1882 年经济危机之后,政府废除了新旧路网的区别,保证两者都能有 5.75% 的回报。政府还同意,未偿债务不承担利息,偿还给政府的资金将作为部分政府出资再投资于公司,用于支付新铁路的建设成本。政府还采用了一种建设成本风险担保。在此之前的做法是,政府一次性支付建设成本补贴,公司则承担实际成本并因此承担建设成本风险。现在有了建设成本风险担保,公司将为每公里铁路铺设承担固定的成本,政府将支付实际成本并承担风险。最后,政府风险担保的范围从债券利息延伸到股票股利。可见,法国政府为确保按其确定的计划和时间表推进铁路建设,所付出的代价是其提供的风险担保越来越慷慨。

2.3.3 西班牙公路

还有一个近期的例子说明了在一个较窄的领域中坚持控制权的后果是

---

① 与投资者分担风险,意味着这一安排不等同于公共融资。未来收入的预测可能会影响债权人要求的利率,因此,也对建设哪条运河这一问题产生影响。
② 更多细节,参见 Doukas(1945)及 Thévenez 和 Manesse(1909)。

什么。在20世纪60年代和70年代初期，西班牙政府向社会资本融资收费公路提供汇率风险担保——到1990年，成本已达到3420亿比塞塔（Gómez-Ibáñez 和 Meyer 1993，132）。正如 Gómez-Ibáñez 和 Meyer（1993，126）的解释，政府的决定是其意欲控制公司所借货币而产生的一个自然结果：

> 西班牙政府曾经要求将特许经营权用于借入外汇以获得大部分融资，从而缓解西班牙的国际收支平衡问题，并避免其他项目吸引国内储蓄。1972年颁布的［收费公路特许经营］法令要求：在建设成本中，至少45%要由外国贷款提供，至少10%来自股权融资，国内贷款不得超过45%。早期的西班牙［高速公路］公司难以从外国资本市场筹集资金，然而，政府同意为部分贷款提供风险担保并保护公司免遭汇率波动。1972年的法律详细说明了政府将为高达75%的外国贷款提供风险担保；此外，所有的外国贷款将以比塞塔计价，并由政府承担全部的汇率风险。

2.3.4 英国例外

政府风险担保的一个明显例外是英国。在欧洲国家中，英国是铁路融资完全来源于社会资本的唯一国家（Ville 1990，131）。英国成为例外的原因很多，其财富和人口密度使铁路带来的私人利益比其他地方更大，以及有更多的企业家和更完善的资本市场。然而，也有部分原因是政府控制意愿的差异——这种差异可能来源于一种更普遍的差异，即英国精英对政府扮演何种角色更为合适的观念方面的差异。如果19世纪的法国精英强调中央政府的重要性，那么英国精英则强调地主们的中心政治作用，而政府的作用应当是有限的。[①] 当需要开始建设铁路时，政

[①] 参见 Dobbin（1994），他还探讨了居于这两者中间的美国的情况。许多精英一方面担心联邦政府的行动，另一方面认为竞争的城市和州政府所提供的担保或者其他形式的支持是可理解的——至少直到担心损失和腐败会导致"剧变"，才反对政府支持。许多州修改了宪法，禁止或限制了政府支持（参见 Goodrich 1950）。许多英国殖民地也提供政府风险担保，这表明意识形态上的差异并不是决定性的。

府因此更倾向于把铁路规划和开发交给投资者，这可以更容易地抵御要求为社会资本的投资回报提供风险担保的压力。

尚不清楚英国的做法是否比法国的做法更好，但它给出了如何避免提供政府风险担保（或在社会资本融资项目中承担风险）的实例。换句话说，英国愿意让社会资本控制投资决策。

2.4 政府尽量不给投资者可管理的风险提供担保

在风险担保的设计方面，也有经验值得借鉴。政府经常为投资者更善于管理的风险提供担保，并因此陷入困境。典型的是，政府通常保证企业的总体回报，而不是针对特定的风险。投资者受益于政府风险担保，几乎不能激励经理人通过削减成本或提高收入（即影响成本和收入风险）来获得收益。当大多数的公司投资者从政府风险担保中获益时，经理人就不会有什么理由来进行风险管理。[①]

2.4.1 印度和阿根廷铁路

在印度，政府风险担保常常能确保大部分投资于铁路的资本获得有吸引力的收益率，而铁路的收益前景几乎不可能超过它。[②] 投资于这类铁路的投资者没有充足的理由促使经理人压缩成本或者提高收入。正如印度财政部长在1872年所说："所有的钱都来自于英国的资本家。只要获得印度政府5%的收益率担保，那么资本家所借出的资金是被扔进胡格利河还是变成砖块和灰浆，对他们来说都无所谓"（Thorner 1977 [1950]，1950）。或如一个英国投资者所说："我不在乎铁路线怎样，也不在乎钱是怎么用的……只要能保证股东获得5%的收益就行"（MacPherson 1955，

[①] Eichengreen (1996) 强调了这个问题。
[②] 详见 Thorner 1977 [1950]，描述了此项政府风险担保："扣除运营、维护和维修铁路以及建立储备基金的成本后，剩下的净收益首先支付即期利率为5%的利息（从而如果可能的话，使得东印度公司可免付利息）。如果仍然有剩余，将按如下规定来分配：一半分配给东印度公司偿还以前年份依然上涨的担保利息，另一半分配给铁路。"

181）。事实上，公司建造铁路所花费的成本比必要的更高。①

阿根廷也给予了铁路投资者慷慨的风险担保，但那些投资者往往依赖于政府支付而不是从铁路中获利。② 结果，促使经理人削减成本或增加收入的激励很弱。在 19 世纪 70 年代末期，政府认识到这一问题。Nicolás Avellaneda 总统"拒绝向那些没有核查支出的公司继续兑现风险担保"（W. Wright，1974，44）。然而，问题并没有解决。十年后，Miguel Juárez 总统警告"除非公司能竭尽全力提高交通流量和收入，否则政府将撤销风险担保"（W. Wright，1974，72）。由于铁路公司没有履行其合同义务，政府和铁路公司之间的纷争开始出现。还有一些纷争则反映了政府也试图逃避义务。

总之，印度和阿根廷都面临的核心问题是：政府风险担保使得公司懈于管理原本都可以管理好的风险。

2.4.2 对收入而非回报提供风险担保：现代收费公路的做法

相比之下，许多现代的政府风险担保看起来更好。与铁路项目相比，这种风险担保往往在收费公路项目上更为常见，并且通常只担保投资者免受收入风险，而这种风险对收费公路的影响可能并不大。例如，韩国政府会为基础设施建设承包商预测收入的规定部分提供风险担保。③ 许多其他

---

① 有力证据难以获得，但可参考 J. Johnson（1963，11–13）、Walker（1969，112）和 Westwood（1974，26）。

② 参见 Colin Lewis（1983）以及 W. Wright（1974）。1862 年，阿根廷政府为阿根廷中央铁路公司修建的 Rosario 至 Córdoba 的铁路提供风险担保，这是阿根廷第一个政府风险担保，保证投资者获得每年 7% 的投资回报且每公里不超过 6400 英镑。随后的其他风险担保也采用了这种结构。

③ 对于政府发起的项目，以 5 年为一个时间段进行划分。第一个 5 年，预计收入的 90% 将获得政府风险担保；第二个 5 年，比例降至 80%；第 3 个五年，比例降至 70%。相应的，在这三个五年期内，若收入分别达到预计的 110%、120%、130%，政府要收取超出的部分。对于社会资本发起的项目，临界值与预测值再扩大 10% 的差距，第一个 5 年，政府为收入的 80% 提供担保。若收入达到预计的 120%，超出部分由政府收取。对于这两类项目，如果收入未达到预计的 50%，政府无需进行任何支付，这一规定是为了应对第 1 章中提到的类似仁川公路项目的巨额亏损。参见 Hahm（2003）。

政府也提供类似的风险担保。[1] 无论收入风险担保是不是好政策，它们确实具有防止投资者故意加大成本投入的优点。

现代的收入风险担保有很多变体。例如，有时政府同意如果收入达不到期望，可以延长特许权的期限。这一安排会降低特许权获得者的收入风险。[2] 如果特许权终止时收费也随之停止，这种安排会将需求风险传递给未来的用户。如果政府继续收费，则该安排是政府风险担保的一种形式——虽然会带来很多延迟成本。

2.4.3 政府不能兜底全部风险

阿根廷和印度的问题比其他国家更严重，是因为其风险担保保护了大多数投资者。如果只有一小部分投资者受到保护，公司将有更强的动机来增加利润。1849年颁布的加拿大担保法案中规定：只有在铁路部分建成且建设里程至少75英里的情况下，才能为铁路建设的债务提供利息率为6%的担保。这并不是一个非常审慎的法律。[3] 事实上，该法案似乎鼓励通往任何地方的铁路建设。加拿大一条显然应纳入后续规划的铁路，因获得了风险担保而超前立即开始修建，起点及终点都是无名之地，既不通过

---

[1] 其他为收费公路提供收入风险担保的国家有：智利（Gómez Lobo 和 Hinojosa 2000）、哥伦比亚（Christopher Lewis 和 Mody 1997）、多米尼加共和国（Guasch 2004）、马来西亚（Fishbein 和 Babbar 1996）、南非（南非财政部，2002）、西班牙（Gómez-Ibáñez 和 Meyer 1993，第8章）。收入风险担保在智利和哥伦比亚也被用于机场建设（Gómez Lobo 和 Hinojosa 2000；Juan 1996）。韩国也为连接仁川机场到汉城的铁路提供收入风险担保（（Project Finance Magazine 2004）。在科特迪瓦，"如果实际用水量小于预测"，社会资本供水公司将获得赔偿（Kerf 等 1998）。收入风险担保并不仅仅用于基础设施，例如美国为农民出售农作物的收入提供风险担保（Yin 和 Turvey 2003）。

[2] 参见 Engel、Fischer 和 Galetovic（1997，2001）。此外，还有其他变体。例如，智利早期的收费公路是保证通行量而非收入。提供风险担保的有可能是国有企业而非政府：欧洲隧道公司的收入是由国有 Société Nationale de Chemins de fer Français 公司和当时英国国有铁路公司提供担保的（Pratley 和 Pons 2004）。收入担保通常给予社会资本，但乌拉圭政府为承担多条公路"超级特许权"（megaconcession）的国有企业提供收入风险担保；这保证了高于预期的收入，所以政府承担大部分的收入风险（世界银行，2005）。在波多黎各，政府在特许权获得者的要求下同意如果三年内流量低于预期的80%，或九年后低于预期值，政府就会回购［San José lagoon 收费桥梁］，偿还特许权获得者所有项目费用并支付13%的投资回报（Engel、Fischer 和 Galetovic 1997，93）。

[3] 不久，加拿大政府的英国银行家们担心，不限范围的风险担保将损害政府信用，因此说服政府将担保范围限制在铁路主干线（A. Currie, 1957，第1章）。

任何主要城市也不与其他铁路相连。① 但是，该法案包含重要的担保条件，有效地限制政府只能为半数铁路成本提供风险担保，从而确保投资者要自行负责另一半成本，促使投资者加强监督管理。

同样，一些现代收入风险担保的目标在于让投资者也承担收入风险。墨西哥和南非向收费公路提供的收入风险担保，只有在偿债支付受到威胁时才会兑现，从而使股权投资者也要承担收入风险。智利的收入风险担保被设计成远远低于预期收入，以确保股权投资者切实承担收入风险。

2.4.4 只对部分损失进行补偿

确保有未获得风险担保的投资者参与投资的方法之一，是使获得风险担保的投资者也承担部分风险。许多19世纪的政府风险担保确保投资者关注高于担保阈值的回报，即使是在利润要与政府分享的情况下。一些风险担保也会设定一个较低的阈值，一旦低于此临界值，投资者将面临风险。阿根廷、法国和印度的一些风险担保规定，政府永远不会支付超过"担保"的回报。例如，如果政府为100美元提供5%的风险担保，那么政府永远不会支付超过5美元。这就意味着，在没有担保时回报将为负，因此投资者要关注成本及收入。②

促使投资者关注整个可能结果范围内的成本和收入，是一项更好的政策。举一个现代的例子，韩国政府在提供汇率风险担保的同时也提供了收入风险担保。在低于阈值时，投资者必须承担一定阈值范围内的所有汇兑损失和超过该阈值损失的一半。投资者自然无法影响汇率，但他们在决定借入外汇的种类时就可以预期风险。在南非，有一种收入风险担保，也仅弥补任何收入缺口的50%。

---

① 参见维基百科 - the Pacific Great Eastern Railway in British Columbia 条目，http：//en.wikipedia.org/wiki/BC_Rail.

② 阿根廷的案例，参见 Colin Lewis（1983，99）。法国的案例，参见1840年颁布的《铁路法》，第二部分转载于 Duvergier（1841，270）。印度的案例，参见 Westwood（1974，13）。

2.4.5 担保是有偿的而非无偿资助

另一种使获得风险担保的企业管理风险的做法是：政府以担保贷款的方式向企业提供风险担保，而非认无偿资助的方式向企业提供风险担保。19世纪，包括阿根廷、法国和印度在内的国家的许多铁路风险担保都是这种方式。最近，匈牙利和墨西哥政府保证在收费公路公司的收入低于阈值时，向其提供次级贷款（欧盟委员会，2004；墨西哥交通运输部、国家公共工程与服务银行，2003）。

上述四种方法没有哪一个是万无一失的。如果与政府不提供风险担保相比，这些方法都使投资者降低了对风险的重视。其中有的在实际应用中表现也并不一定好。例如，加拿大政府规定风险担保的回报最多不超过铁路成本的50%，这很可能会被夸大的预计成本所破坏；又如，政府以担保贷款而非无偿支持向企业提供风险担保的效果，可能会被担保贷款将被免除的预期所破坏，担保贷款被免除则是经常会发生的事。[①] 需要肯定的是，这四种方法在激励投资者管理风险方面确实都有一定成效。

2.5 政府仔细选择确实需要的担保

当政府提供风险担保时，往往知道所担保的是什么。但是，所担保的并不总是政府确实需要的。

2.5.1 如果风险担保不以绩效为基础

在设计政府风险担保时必须认识到其缺陷。在俄罗斯，一些获得风险担保的公司甚至可以在线路开通之前就得到政府为担保支付的款项（Westwood 1964，67 - 68）。同样，在1881年，日本政府保证投资者在东京-仙台-青森铁道有8%的收益率，并在完成资本认缴且每一段铁路都

[①] 参见 A. Currie（1957，第1章）对加拿大政府风险担保的描述。关于俄罗斯政府提供担保贷款的案例，参见 Westwood（1964，80）："政府最终回购了铁路，并免除了社会资本的债务，这是大家预料到了的，也是合理的。"

开始建设后就进行支付（Ericson 1996，111）。获得这样的风险担保的投资者，无疑可以轻松承担铁路建设，毫无损失顾虑。

更常见的是，政府持谨慎态度，只在得到服务后付款。这里仅举一例，《1887年新西兰地区铁路法案》为社会资本铁路投资者许下7%的回报，同时规定只有当铁路通车后才会支付。此外，为确保当地对此铁路的需求，其中5%的回报将由经当地纳税人同意后征用的特别税支付。（这些保障措施不足以避免问题。威美亚平原铁路就是按这种方式融资建设的，并于1880年开通。然而当该铁路陷入财务困境时，当地纳税人拒绝按担保缴税，政府也拒绝兑现担保。因此，铁路公司不再发车。直到1886年，在"给股东带来相当大损失"的情况下，政府接管了这条铁路[Leitch 1972，138]）。

2.5.2　如果按单位里程提供风险担保

许多铁路风险担保按英里数向投资者提供回报。普遍和明智的方法是用每英里估算成本乘以估算英里数来估算线路的总成本，但这种风险担保会促使铁路公司绕路。奥斯曼帝国的苏丹为投资者提供了"按公里担保"[①]，根据记者Henry Brailsford（1918 [1914]）的报道，铁路公司确实在建设中绕路：

这条线路的轨道仿佛一条扭动着的蛇一般穿过乡村。它蜷缩在蜿蜒的褶皱中，描绘出巨大的弧线，它弯曲而又折叠，以致于经过的列车像在追逐自己尾巴的小猫一般。然而，这个国家是一个辽阔的平原，既没有高山也没有河流需要躲避。除服务于城镇的必然职能，大多数工程师

---

① H. Charles Woods（1917，39–40）解释了巴格达铁路公司获得的按公里担保：该项每公里担保额为"15 500法郎"的政府风险担保由两部分组成。第一部分是11 000法郎的建设担保，以流通债券的方式交给巴格达铁路公司（政府风险担保债券利率为4%），使其获得每年每公里11 000法郎的收入。随后，该公司为了筹集必要的建设资金出售这些债券。当该铁路通车时，政府再额外提供每年每公里4 500法郎作为运营支出，或更正确地说是政府保证弥补每年每公里15 500法郎与实际总收入之间的差额。另外，如果以每年每公里的收入超过4 500法郎但没有达到10 000法郎，则盈余超出4 500法郎的部分完全属于政府；如果该收入超过每年10 000法郎，则盈余部分按照政府获得60%和公司获得40%的比例进行分配。"Young（1906）的文章中有该铁路特许经营合同的部分内容。

在规划这样一个铁路时只需要一把尺子，画一条穿过地图的直线。然而非常奇怪的是这条铁路似乎并不服务于任何可见的小镇。事实上，一个关于这条铁路回转起伏的貌似合理的推测是，它正在拼命地躲闪着城镇……当人们听到后会觉得解释其实很简单……该铁路特许权包括所谓的按公里的风险担保。

Brailsford 对该铁路风险担保持悲观态度："当时该国秩序混乱，濒临破产，没有任何投资是安全的。在这种情况下，金融家还攫取高额收益率，他们设法借助外交和金融控制保障他们企业的安全。没有投资掌握在这个古老国家的手中。"

2.5.3 如果风险担保限于部分线路

当政府仅为某些铁路线路提供风险担保时，会出现其它问题。在法国，同时运营获担保线路和未获担保线路的公司有做假账的动机：压低获担保线路的利润，虚增未获担保线路的利润（Howard 1918，316）。在土耳其，铁路公司会将交通流量从获担保线路转至未获担保线路。参与修建土耳其铁路的工程师 Wilhelm von Pressel 这样表达了他的忧虑：

铁路公司将竭尽全力使货物运输使用未获担保的新线路。而且更重要的是，未获担保线路的收入不需要分享，而其他线路一旦总收入超过一定数额就必须向政府支付一部分盈余。因此，政府将一无所获……而公司将赚得盆满钵满（Pressel 1902，7；Luxemburg，1951，442）。

土耳其的风险担保确实非议颇多。马克思主义政治理论家 Rosa Luxemburg（1951，第30章）描述了在通过奥斯曼公共债务管理机构转移土耳其农民的财富至德意志银行"金库"的过程中，风险担保所扮演的角色。奥斯曼公共债务管理机构创建于土耳其发生债务违约之时，实际由外国债权人控制，负责征税和管理风险担保。其他相关机构则在第一次世界大战时介入了土耳其的风险担保。风险担保的最大受益者是巴格达铁路公司，该公司负责修建君士坦丁堡至巴格达的铁路，并最终到达巴士拉和波斯湾。这条铁路由德国投资者开发并获得了德国政府的支持，希望其成为"从汉堡直达波斯湾"的连续路线，以及一条通往印度的"捷径"（Jastrow 2005 [1918], 97, 100)。该铁路使德国与英国（以及其他觉得自己的商业及帝国野心受到威胁的国家）发生了冲突，被形容为"导致预期已久的战争最终爆发的最重要单一因素"（Earle 1923, 23; McMurray 2001, 50-51)。

公平地说，不是所有历史学家都认同巴格达铁路对于第一次世界大战爆发的重要性，也不是所有分析都认为土耳其的风险担保是毫无根据的。一些人认为，土耳其政府所冒风险是精确计算过的，并没有被利用，而是获得了成功（Earle 1923, 23; McMurray 2001, 50-51)。

2.5.4 如果风险担保仅针对债务而非权益

政府风险担保的设计也会引发一些微妙的问题。通常风险担保只适用于一种资本形式，而不适用于其它。因此，在以某一种形式的资本进行投资时，要以放弃其它投资形式为代价。如果风险担保让债券投资者而非股东受益，或对债权人更为慷慨，有时政府就会发现实际上鼓励了非常高的财务杠杆水平。例如，1880年，在英国的铁路投资中债权没有获得政府风险担保，其投资比例仅占到25%；而在法国，这一比例高达80%，当时，法国政府的风险担保对债券比对股票更为慷慨（Caron 1983, 29）。俄国在1917年革命之前，社会资本的铁路债务一般会获得政府风险担保，而权益投资则一般不会，结果铁路的财务杠杆率达到94%（Zhuravlyov 1983, 53-54)。

高财务杠杆率增加了铁路债务违约和兑现政府风险担保的可能性。Frank Lewis 和 Mary MacKinnon（1987, 194）在关于加拿大北方铁路的分析中总结到：债务风险担保鼓励铁路项目的推动者"选择增加失败可能性的债务权益比率，因为这样做增加了预期政府转移支付。"实际情况也是这样，铁路推动者大量举债，铁路项目则失败。虽然保护债权人而非股东可能是合理的，因为这样能确保债权人监督铁路的运营管理。但是，除非伴有杠杆限制，否则这种策略也将失败。

2.6 管理所担保的风险

当政府承担通常应由企业管理的风险时,政府还需要承担额外的责任。例如,政府需要引导企业控制成本并进行监督。土耳其政府按公里数为铁路提供风险担保,就需要为铁路的路线选择承担责任以确保它没有过长。当政府为某些线路提供风险担保时,需要对不同线路上的流量进行监控。

俄罗斯就是一个例子,虽然它并不是存在这些问题的唯一国家(参见 Westwood 1964,72-73)。它的铁路风险担保存在三个问题,这些问题本来是可以通过加强监管来解决的。第一个问题,铁路公司抬高了每英里的估算成本,然而政府却基于此提供风险担保,结果铁路公司仅仅通过出售政府风险担保债券就能收回实际投资成本。第二,投资者可以利用政府降低实际建设成本。投资者利用廉价的临时桥梁及其它工程使线路提前通车,然后将后续完工成本计入风险担保所覆盖的运营成本。第三,公司的经理人可以利用公司和政府,向他们自己拥有的或对他们行贿了的供应商和建设承包商支付过高的价款。(在俄罗斯,并非只有铁路公司使用诡计来攫取利益。1867 年,政府成立了一项铁路基金,其目的部分在于"掩饰政府对铁路的巨额财务承诺,从而保护俄罗斯在海外的信用"[Westwood 1964,68-69])。

拥有更出色行政能力的政府在监管铁路风险担保方面更为成功。印度的第一个风险担保是由殖民政府授予东印度铁路公司的。作为担保的条件,印度殖民政府有权利"决定线路的路径、方向和长度",查阅"铁路公司几乎所有的账户、会议纪要、备忘、文件等",任命一位公司董事会成员并在所有事务上拥有一票否决权(Kerr 1995,19)。政府认真地行使权利并且仔细地监督铁路公司的行为。在法国,能胜任而又强有力的管理机构也为铁路的规划和监督列出了详细计划。印度和法国政府一直受到批评,被认为管控过度,妨碍了社会资本的主动性。例如,据一位历史学家所说,法国政府希望社会资本出资和分担风险,却不愿意"分享控制权"(Dunham 1941,21)。但正如人们所见,每个政府都承担了与铁路相关的大部分风险。这样一来，本应由投资者及其代理人所承担的责任实际上是由政府承担了。

当然，政府可能难以有效管理通常应由企业承担的风险。官员可能对得到政府风险担保的企业的绩效不感兴趣，或者因收受贿赂而不予监管。当政府难以管理风险却依然想提供风险担保时，必须更加依赖于其它机制来化解风险担保所带来的问题——特别是，要确保投资者仍然承担部分风险，确保风险担保设计不会在不经意间产生不当的激励。

2.7 有进步吗？

现代政府在许多方面都比过去的政府做得更好。成本效益分析方面的理论进展使得项目评价更为容易。金融理论的发展，也使得评估风险担保更为容易。会计的进步，使债务跟踪更容易。此外，由于金融市场的发展和给贫困国家提供廉价贷款的开发银行的设立，政府提供风险担保的压力有所缓解。或许也正是因此，现代风险担保比19世纪所设计的更好。许多风险担保只保护企业免受投资者难以施加影响的那些风险，如汇率风险或收费公路的收入风险。许多风险担保确保未获得担保的投资者与获得担保的投资者能同时参与投资。

但也不难找到这样的例子：债务风险担保使投资者免受的风险恰恰是他们原本最适合管理的。[①] 波兰不久前给 A2 高速公路的贷款提供了债务风险担保，这项贷款是次级贷款，不能优先于其他债权人索赔（Esty 2004，317–18）。英国为 Network Rail 公司数十亿英镑的贷款提供风险担保，该公司拥有英国的铁路基础设施。[②] 偶尔，政府会特别保护企业免受成本风险。智利政府为 El Melon 隧道项目提供建设成本风险担保，最终

[①] 政府风险担保保护企业免受成本风险的另一个例子来自西班牙的加泰罗尼亚。1999年，"Autema 的特许权获得者的运营盈余，得到了加泰罗尼亚政府在剩余特许期内的担保"（Macquarie Infrastructure Group 2001）。菲律宾政府同意承担马尼拉城市铁路项目几乎所有的风险。在地铁轨道交通三期工程的建设-租赁-移交合同中，政府同意保证租金支付，包括两部分，一是债务服务方面，将确保该项目无论遇到任何困难都可以偿还其贷款；二是权益回报方面，让投资者获得15%的权益回报率（菲律宾国家经济研究协会 2004）。

[②] 参见英国国家统计局国民经济核算分类委员会（2004）。

花费了一千万美元（（Gómez Lobo 和 Hinojosa 2000，21）；哥伦比亚为 El Cortijo-El Vino 收费公路提供了成本风险担保（建筑材料的成本超支 30% 以下的部分由政府全额负担；超支 30%–50% 的部分由政府承担 75%；超支 50% 以上的部分，政府不再负担）。在 20 世纪 90 年代中期，该担保的预期成本约为 100 万美元（Christopher Lewis 和 Mody 1997，136，141）。

事实上，究竟会有多少现代政府风险担保在设计上优于 1817 年波尔多大桥项目的风险担保？该风险担保使投资者承担成本风险，只保护他们免受部分收入风险。现如今，与 Becquey 所处的时代一样，政府吸引社会资本参与由政府计划和控制的项目的愿望，仍然很容易胜过提升投资者积极性和控制政府损失的愿望。

现如今，政治压力和认知——接下来要讨论的两个问题——在风险决策方面依然有碍对政府风险担保做出好的决定，这也与 Becquey 所处的时代一样。

3 好决策的障碍

由于风险本身的复杂性，决定是否应当承担一项风险是困难的。充分理解一项风险需要确定其中各种风险因子的所有可能结果，以及每个结果中风险因子对价值的影响。研究表明，虽然政府致力于对风险做出尽量准确的判断，并致力于对是否承担风险做好决策，但结果往往不尽人意。同时，由于围绕公共资源的利益群体政治博弈以及传统政府会计制度的不足等因素，政府往往通过承担风险而不是现金补贴来扶持企业。本章探讨这些问题。

3.1 认知障碍

当人们对决策会产生什么样的结果没有把握时，经常做出差的决策。另一方面众多经济和政治分析都使用"理性人"这种简化假设。可见，有必要回顾一下认知心理学家关于人类判断和决策行为的研究。

针对风险承担的好决策包含两方面。首先，决策应建立在对要承担的风险进行合理判断的基础上。以扔硬币打赌为例，完美的决策者应该知道自己会从每种可能结果中获得什么以及每种结果的概率（50 对 50，如果硬币均质）。进一步来看，完美的决策者应该知道每一个可能的行动过程，以及这些行动过程中每种可能情形下的量值和概率。比如，对于收费公路的收入风险担保，理想的政府应当知晓收入风险担保兑现的概率以及为此进行付款的概率分布。

其次，好决策需要充分利用判断力。可以运用期望效用理论来描述完美的决策，即完美的决策者应该评估每项步骤可能产生的每种结果的效用值，再将每种结果的效用值乘以估算的概率权重，从而选择出能够产生最大的概率加权效用的方案。如果决策者是风险中性的,从各种货币计量的结果中选出期望**效用最大化**的方案就等同于将结果的期望货币**价值最大化**。举例来说,假设决策者可以进行一场公平的扔硬币游戏,如果结果是正面他将得到 100 美元,反之则失去 50 美元。那么,游戏的期望获利就是 25 美元（$(0.5 \times \$100) + (0.5 \times -\$50)$）。对理想的风险中性决策者来说,这场游戏和直接获得 25 美元没有区别。

完美的决策者也可以与大多数人一样,合理地规避风险。对于风险规避者来说,期望效用最大化与期望价值最大化并不相同。各种结果对应的效用值（而不是货币价值）必须结合各种结果对应的概率加以考虑并赋以权重。否则,针对风险规避者的方法将与针对风险中性者的方法一样。完美的决策者应当确定每种可能方案下各种可能结果的效用值和概率,从而选出期望效用最大的方案。

事实表明,人们在上述两方面都存在问题,在判断风险方面难免出现失误,而当面临抉择时,又会滥用自己有缺陷的判断力。

3.1.1 风险已知情况下的决策难题

现在考虑当风险已知时如何决策。虽然期望效用理论可以精确描述完美决策者,但前景理论在描述真实决策者方面更具有实践意义（Kahneman 和 Tversky 1979、Tversky 和 Kahneman 1992）。

前景理论：正如期望效用理论,前景理论也涉及简单的冒险假设或者说"前景"。或者,用术语来说,关于风险承担的简单决定。前景理论与期望效用理论的区别主要体现在以下三个方面。

首先,前景理论指出效用载体并非某种状态,而是相对于一个参考点的收益和损失。根据该理论,是否应该承担风险的决定因素是在过程中可能赢得或输掉的金钱,而非最终的财富规模。此外,要根据选择项的具体设计情况来将发生的变化看作是输了还是赢了。

其次,根据前景理论,将损益映射到主观价值的函数体现为图 3.1 中的 S 形曲线。曲线在收益域偏凹,而在损失域偏凸。同时,曲线在损失域比在收益域更加陡峭。

3 好决策的障碍

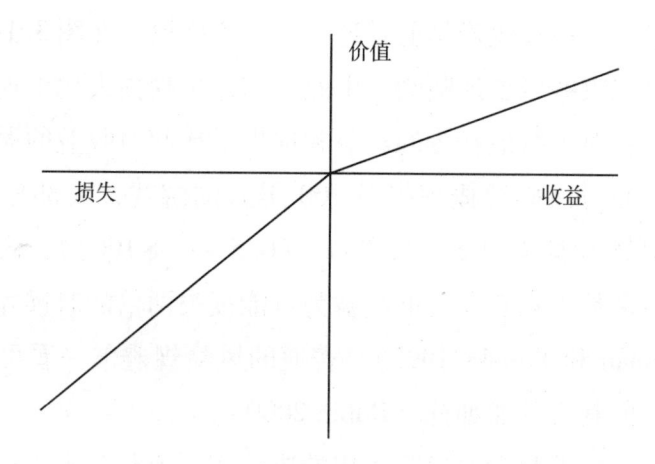

图 3.1 典型的前景理论价值函数

来源：Kahneman 和 Tversky 1979。

再次，前景理论假定决策者使用的决策权重与已知的概率存在系统性差别（图 3.2）。从本质上来说，人们对某些特定的概率变化更加敏感。一种结果的概率从 37% 增长到 38% 对某个决策无关紧要，然而从 0% 增长到 1% 或者 99% 到 100% 则会产生非同小可的影响。因此能够使投资者确定其回报的政府风险担保，其估值会很高。

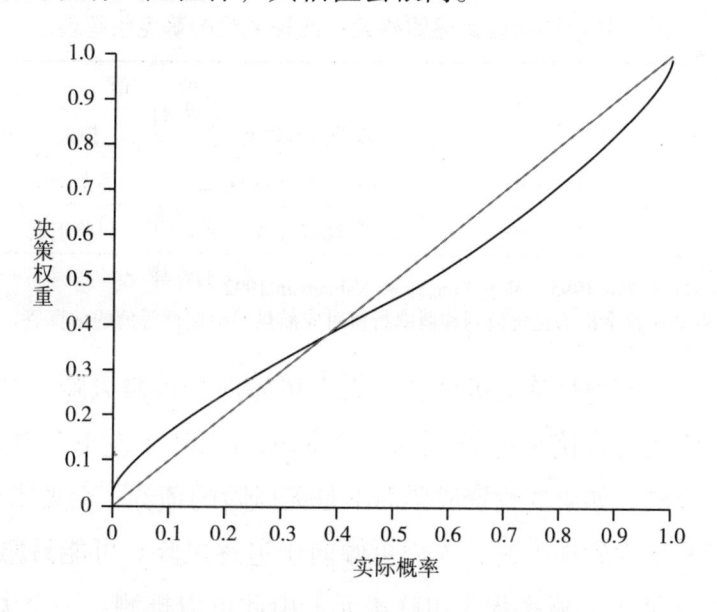

图 3.2 典型的前景理论决策权重函数

来源：Kahneman 和 Tversky 1979、Prelec 1998，被引用于 Fox 和 Tversky 1998。
注：45 度倾斜的直线代表理想型决策权重函数，曲线代表前景理论下的实际决策权重。

损失规避——损失规避是前景理论的一个推论。在图3.1中，价值函数在损失域比在收益域更加陡峭，由此可知，出现损失比出现收益造成的心理影响更强：对于数值相等的收益和损失，比起对收益的渴望，人们更加担心损失。面对以同等概率损益100美元的游戏，大部分人会快速拒绝。比起期望值为零（$(0.5\times\$100)+(0.5\times-\$100)$），人们宁愿选择确定的零值。多数人只有在可能收益为可能损失两倍的时候才会接受这种博弈（Kahneman和Tversky 1995）。普通的风险规避乍一看可以很好地解释上述决策，但其实并非如此（Rabin 2000）。

损失规避意味着政府对风险承担的决策实际上是一种投机行为。在理论考虑到的范围之外，上述决策又在许多方面更加复杂。因此不妨设想，损失规避可能导致官员们（至少是那些关心财政状况的官员们）更多地关注诸如收入风险担保之类的行为产生的下行风险，而非同等价值的收入共享安排所产生的上行风险即可能收益。

风险规避和风险追逐——综合考虑图3.1和3.2中的价值和决策权重函数，得出下面的风险规避和风险追逐表（表3.1）。

表3.1　风险规避和风险追逐四格表：四种风险的确定性等值

		价　　值	
		收益（100美元）	损失（-100美元）
概率	低（0.05）	风险追逐（14美元）	风险规避（-8美元）
	高（0.95）	风险规避（78美元）	风险追逐（-84美元）

来源：Tversky和Fox 1995，基于Tversky和Kahneman 1992。
注：单元格中的数字指的是价值列和概率行所对应前景的确定性等值的估算值。

可以看出，面对概率大的收益，人们更倾向于规避风险。以95%的概率获得100美元与直接获得78美元是等同的（表3.1左下角单元格）。换言之，据此推测，如果要投资股票而不是无风险的债券，会要求风险溢价。相反，面对概率大的损失时，人们更倾向于追逐风险。可能只愿意支付84美元来规避以95%的概率损失100美元。由此可以推测，一个失败的银行交易员，面对可能发生的损失，会宁愿将赌注加倍，也不承受确定的损失。

对于小概率，典型偏好则相反。给小概率事件附以不相称的大权重，因此面对小概率的收益时人们会追逐风险。可能将以 5% 的概率获得 100 美元等同于 14 美元——相当于现实中购买一张彩票。同样，面对小概率的损失时，人们更倾向于规避风险。可能愿意支付 8 美元来规避以 5% 的概率损失 100 美元——相当于现实中买保险和担保。

如何设计选项——选项可以表述为可能收益，也可以表述为可能损失。对选项的不同表述会产生不同影响。考虑以下两个问题（Kahneman 和 Tversky 1979，27）：

问题 1. 在你现有财产的基础上，先给予你 1 000 美元。这时，再要求你从下面两个选项中做出选择：

A：50% 的概率获得 1 000 美元

B：100% 的概率获得 500 美元。

问题 2. 在你现有财产的基础上，先给予你 2 000 美元。这时，再要求你从下面两个选项中做出选择：

C：50% 的概率损失 1 000 美元

D：100% 的概率损失 500 美元。

针对问题 1 大多数人都会选择 B 项，他们在规避风险。针对问题 2 大多数人都会选择 C 项，他们在追逐风险。然而上述两个问题之间的唯一区别在于选项描述。选项 A 实际上等同于选项 C，同时选项 B 和选项 D 也是相同的。本可以前后一致地选择 A 和 C 或者 B 和 D，而不是 B 和 C。之所以会做出前后不一致的选择是由于问题 1 的表述方式关注收益，而问题 2 的表述方式关注损失。

上述事实再次表明，政府对风险承担做出决策实际上是一种投机行为。不过也可以设想，为小概率事件提供风险担保的官员是风险规避型的，而那些把选项设计为损失选项的官员可能是风险追逐型的。当面临财政危机时，比起现金补贴，官员们可能会更偏好风险担保，这是因为风险担保仍有可能不会为政府带来任何损失。

广泛选项和狭隘选项——选项设计还从另一方面影响风险决策。承担一项既定风险的后果取决于此项风险与其他风险的相关性（见第七章）。除非风险是完全相关的，否则，面临多个不同的小风险敞口的投资组合与仅面临一个大风险敞口的投资组合相比，风险要低。因此当新的资产加入时，良好的决策不仅需要考虑其带来的新的风险，还要考虑这项风险与其他风险间的相关性。然而，经常会出现将新风险作为狭隘选项进行决策的情况，只关注某项风险本身，而没有关注这项风险对投资组合里其他风险的影响。这种狭隘会导致过度规避风险（Kahneman 和 Lovallo 1993）。如果政府对各个风险担保进行独立考虑的话，会过度规避风险。

3.1.2 概率判断的难题

上述决策难题还只是在各可能结果的概率已知情况下的。事实上，概率很少是已知的，人们必须自行判断。这种判断有时表现极为出色，有时则是系统性偏离。[①]

过度自信——首先，对自己判断的准确性过度自信，低估了这个世界的不确定性。

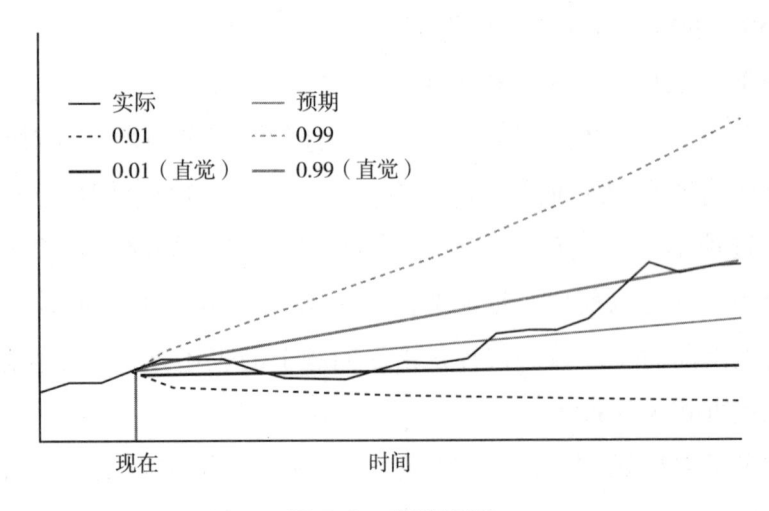

图 3.3　直觉预测

来源：作者计算。

注：图中的实际值和预期值以及真置信区间假定风险因子遵循几何布朗运动，预期增长率为 3%，波动性为 10%（参考第七章中"度量风险敞口"）。图中假定 98% 的直觉置信区间等同于 70% 的真置信区间。

[①] 关于简单的启发式推理的优秀表现，可参考 Gigerenzer、Todd 和 the ABC Research Group (1999)。关于偏差，可参考 Gilovich、Griffin 和 Kahneman (2002)；Kahneman、Slovic 和 Tversky (1982)。

心理学家曾通过询问人们对一组问题每个答案的置信区间来评估其过度自信的程度。比如，心理学家可能会问："尼罗河多长？指定一个你98%确信正确答案在其中的区间。"人们可能答道"3 000千米加减1 000千米"。如果是这种答案，那么会认为，不论人们对问题有多不了解，100个回答中也应该有大约98个会答对。但是事实上正确率通常只有60－70%。[①] 当人们看起来自信时，其实是过度自信的。

上述关于过度自信的证据表明，对风险敞口的直觉判断可能会低估风险敞口的真实情况。当其他条件相同时，政府往往会低估触发风险担保的概率。事实上，当政府判断风险担保不可能触发时，往往发现"判断为不可能的事件以20%的概率发生了"（Camerer 1995, 591）。

图3.3先是给出了一个假想的风险因子（例如需求或者汇率）从过去到现在的轨迹，然后显示了对风险因子的最佳预测（标为"预期"）、98%的真置信区间（在标为"0.01"和"0.99"的两线之间）和直觉置信区间（虚线之间），以及风险因子在今后的一个可能轨迹。可见，直觉置信区间包含于真置信区间，依赖直觉判断的政府面对真概率会感到惊讶。

回顾偏差——人们往往会高估当前情形的可预测程度，总是倾向于认为，已经发生的事站在过去看是注定要发生的。换言之，回顾过去时会低估当时的风险。然而要评估事件的可预测性，必须假想自己并不知道现在所已知的。经过1997至1998年的亚洲金融危机，政府和投资者都在基建工程上损失惨重。这时可以很明确地说他们过去的决策有误——投资者过于乐观了，政府承担了过多风险。然而这种对过去决策的回顾式评判并不恰当。

回顾偏差是自欺欺人的，其"马后炮"式的智慧也会导致过度自信。如果过去事件的预测被高估的话，未来事件的预测也会相应地被高估。

易获得性——对事件概率的预估取决于大脑反映出同类事件的容易程

[①] Colin Camerer (1995, 593) 的研究结果中正确率为60%。Philip Tetlock (2002, 752) 以政治学者和作家为研究对象，"针对各领域的所有预测中，80%及以上自信程度的专家预测正确率只有45%。"

度，即同类事件的心理易获得性。在其他条件相同的情况下，事件越容易被联想到，那么其发生概率就会被判断得越高。这并非不合情理：事件概率越大，它便越容易发生，就越容易想起它。但是遵循上述经验法则也会导致高估发生在最近的、罕见却又印象深刻的事件的概率，并低估司空见惯的事件的概率。比如，亚洲金融危机的尾声之际即 2000 年左右，人们对大幅贬值记忆犹新，此时政策制定者和投资者就可能倾向于高估汇率风险。[①]

事件解包——判断事件概率也取决于描述事件或者说"解包"事件所得到的相关细节（Rottenstreich 和 Tversky 1997；Tversky 和 Koehler 1994）。假定萧条导致的需求不足、竞争性企业进入市场或者政府价格管制力度强于预期会触发担保兑现，那么对"触发担保兑现的概率是多少"的直觉性回答，会低于"因萧条、竞争性发展或力度强于预期的价格管控而触发担保兑现的概率是多少"的直觉性回答。为了避免低估担保的风险，政府可以尝试罗列可能触发担保兑现的所有事件细节。

代表性——对概率的判断也受事件与已有心理表征契合度的影响。这有时会产生很好的效果，有时则造成误判。例如，大多数人针对概率事件自我显现的方式存有不准确的心理表征；被主观认为存在统计模式之处往往只是单纯的随机数据。比如从 6 次掷硬币中选出一个貌似有规律的正面（H）反面（T）顺序，可能会选择一个诸如 HTHHTH 的结果，像 HHHTTT 这样的概率相同的顺序则看上去不那么显得有随机性。（这种倾向有助于解释一系列不利结果预示后续结果更可能有利这种赌徒谬误。）

代表性对判断的重要影响之一是，概率估计对样本大小的敏感度较正常水平偏低。根据统计学理论，对估值准确性的信赖程度取决于对应样本的大小。但是小样本也可能和大样本一样，被看做是总体的代表，并且做判断时往往忽视样本大小。（专家们也不例外。Arthur Goldberger [1991] 称之为微数缺测性问题，以使计量经济学家将小样本问题与异方差性和多

[①] Richard Zeckhauser 和 W. Kip Viscusi（1990，560）认为，"在不利结果出现后，人们尤其可能会高估之前未识别的风险"。

重共线性等复杂问题同样严肃地对待。)

3.1.3 政府与个人的难题

上述关于人类判断决策的证据主要来自对个人的研究，群体决策尤其是政府决策可能表现会好些。重要的政府决策通常由委员会做出。即便是总统、部长等个人做决策，其也能够得到专业建议并且有义务去听取这些建议。那么能否断定政府面对风险能做出良好决策呢？虽然本书的一个前提是吸取专业建议的结构化决策优于直觉性决策，但是以下三个现象仍令人困惑。

首先，群体决策可能劣于其成员的单独决策。有人或许认为群体会比个人更加保守，然而事实看来并非如此。相反地，群体讨论似乎拥有极化效应，这使得群体意见往往比其成员的平均意见更加极端（Ajzen 1996, 315）。

其次，有证据证明非理性委托人的代理人会做出反映委托人非理性的决策。比如说投资基金管理人可能会选择跟风投资某些股票，即便他们认为这些股票估值过高。因为如果不这么做，他们会失去非理性主顾们的支持。投资基金管理人或许具有很强的专业能力，但是主顾们并非如此。同时主顾们也无法轻易判定管理人的技术水平，因为短期内观察到的表现主要取决于概率。如果自己的管理人表现糟糕而其他管理人表现出色，主顾们往往就会对自己的管理人做出极端差评，因此很多管理人的最佳应对就是从众（Shiller 2002）。作为民众的代理人，官员们的处境与基金管理人有所相似，即便自己是理性的，也会因为压力而做出非理性决策。

第三个是关于政府对与有害活动和化学品等相关的风险的管制。研究人员通过对上述管制拯救每单位生命所产生的经济成本来评价美国政府的此类管制。例如，规定汽油去铅会增加汽油以及许多其他商品和服务的成本，但是因此产生的更清洁的空气于健康有利。同样，要求航空公司采取新式安保措施会增加其成本，但同时也能减少事故死亡人数。其他条件不变，可以预期不同领域的理性决策挽救每条生命的支出是相近的：如果减轻一项危险以挽救一条生命的行为值得花费一百万美元，那减轻另一项危险以挽救一条生命的行为也应该花费一百万美元左右。然而，对风险管控的成本-效益分析表明，挽救每条生命的成本间存在巨大差异。有的管控规定挽救每条生命的成本仅为十万美元；另一些管控规定的此类成本在一亿美元及以上（Breyer 1993；Sunstein 2001；Zeckhauser 和 Viscusi 1990）。对此的部分解释是：民众对具体的、有直接精神反映的风险更容易产生恐惧，因此政治家们也会更容易做出应对，或者他们的应对源自于其本身一样的恐惧。

总而言之，很难在风险担保方面做出明智决策。虽然难以明确识别认知障碍在该问题上的净效应，但利益群体博弈障碍造成的偏差却清晰得多。

3.2 利益群体博弈障碍

伏尔泰说，牧民之术在于取予。[①] 当然可以更加乐观地期待政府能够花时间解决需要依靠集体公共行动才能解决的问题，但很明显政府并非仅以增进公共福利为目的而行事。政府的决策也取决于利益集团间的博弈以及获得和维持政治支持的需求。这种资源竞争意味着即便政府的决策者完全理性，他们也不一定会在风险担保上做出符合公共利益的决策。因此，为了理解做好决策的障碍，就需要理解某些政府决策者要承受的政治性压力。

3.2.1 利益索取策略

一定程度的再分配通常被认为是合法的。虽然在细节上争论激烈，但大部分人都认可政府可以将一些资源进行合理再分配——从富人转移到穷人、从健康人转移到病人。当再分配作为能将"蛋糕"做大的政策的一部分时，人们也可能会勉强接受。但在民主社会中，某一集团如果明显想要从未做大甚至缩水的"蛋糕"中获得超出其应得的份额，则通常不会成功。利益将受损的一方会意识到威胁并进行抵抗。仅为自身利益而倡议

[①] 此句法文原文是"En général, l'art du gouvernement consiste à prendre le plus d'argent qu'on peut à une grande partie des citoyens, pour le donner à une autre partie"（http://www.voltaireintegral.com/17/argent.htm）。

相关特别税收政策的企业会被迅速断然拒绝。想从未做大的"蛋糕"中得到超出应得的份额，就需要采取正当化或掩饰的策略。

巧妙的提案需要满足三个标准。首先，提案要证明利益将会最大化，或者至少证明利益会被再分配给应得的群体。比如，如果声称农产品价格保护政策能帮助贫困农户应对其本不能应对的风险，且为其带来巨大福利的同时几乎不损害他人利益，那么这项政策就能得到拥护。[①] 如果游说进口关税能够创造就业，那么相关政策提案也会受到拥护。

其次，巧妙的提案是从很多人那里索要一点，而非从几个人那里索要很多（参见 Mueller 2003，第 20 章；Olson 1965）。虽然很多人有反对提案的动机，没有人会单独因为那一点损失而认真谋划反对。可能很难对几个大客户使用的商品征收进口关税，这是因为关税造成的损失将可能会大到促使他们组织抵抗。同时由于人数少，组织也较为方便。相反，对众多小客户使用的商品征收关税就可能不会招致很大反对。人们或许讨厌关税，但是不会太过介意，即使介意，要组织抵抗也非易事。

再次，巧妙的提案会掩盖暗度陈仓式的利益转移。进口关税对进口产品价格的影响容易识别，但对国内产品价格的影响则较为隐晦。因此，关税成为国内制造商索取价值的一种正当手段。限制进口量的进口限额或许效果更好，这是因为限额对进口商品价格的影响更为隐晦。由此推断，从安全角度对进口进行限制，效果会更加显著。

3.2.2 风险担保提案

风险担保提案需满足以下三个标准。首先，要有说明风险担保必要性的理由，诸如迫切需要吸引投资或者利用政府优良的风险承担能力等。其次，风险担保的成本需分摊给众多纳税人以及可能的受益者，并且每人只承担少量成本。再次，风险担保的成本要不那么透明，不涉及任何即期现金支付。

---

① 根据 Brian Wright（1993），帮助农民应对风险基本上是美国向农业转移资源计划的常见理由之一。

传统的政府预算和政府会计对风险的处理方法是忽略它，结果增加了成本的不透明性。传统的政府预算和政府会计以收付实现制为基础，收到现金时确认收入，支付现金时确认成本。因此如果决策不涉及会立即引发开支的风险，就不需要在预算安排中体现，同时，在假定的风险存续期内，预算赤字报告值也不受影响（只有当收到或支付现金时才会产生影响）。因此，对于那些不涉及当期支出的风险，政府就不需要安排预算，也无法体现在风险期内的预算赤字报告中。这就使政府可以通过风险担保把利益转移给企业，而无需向纳税人、议会等及时披露。尤其是政府在承受缩减赤字的压力时，更倾向于采用风险担保。

如此看来，政治会引导政府承担过多风险。不过还要对此结论做两点补充说明。首先，即便政治引导政府承担过多风险，不能由此推论政府永远不应该承担风险。下一章将论述政府应当承担项目层面的政策风险，而且如果政府希望促成投资就要做好可能承担需求风险的思想准备。其次，企业并非一定会从风险担保中实际得益。尤其对经过竞标被选中的企业，其从包括风险担保在内的补助中获得收益的余地有限，同理，当管制价格被设定到经过竞价的水平时也是这样。每次价值转移都会有一部分从纳税人转移到用户。因此，不一定只有企业呼吁风险担保，企业对此的呼声也不一定最大。此外，公共资源竞争还可能发生在急于促成投资的部门和急于控制开支的财政部门之间。

3.3 克服障碍

综上可见，关于风险担保很难明智地做出决策。有些风险被高估，有些则被低估。即便风险能被准确预估，从心理学角度看，仍会难以做出好决策。此外，政治压力也会促使政府承担风险并避免直接开支。

为了克服认知障碍和利益群体博弈障碍，政府应该怎么办？

首先，政府可以增强自身对风险恰当分配的理解。进口配额和关税从某些方面来讲是完美的隐性价值转移：其成本不透明并且广泛分散，同时看上去理由合理。然而，政策顾问对贸易效益的理解有助于抵消要求采取进口配额和关税政策的压力。和利益一样，理念也会产生影响。事实上，过去两个世纪里美国政府在承担和管控风险方法的形成过程中，理念发挥了至关重要的作用（Moss 2002）。

其次，政府可以增强自身评估风险的能力。多名在人类决策难题方面有重大发现的心理学家都认为，难题的解决办法在于将方案量化（少数经济学家对此持反对意见）。① 政府越是能够评估风险担保的成本并将其与其他政策成本进行比较，就越是能够做出好决策。

再次，政府可以改变那些与风险担保决策相关的规则。举三个可行的做法：修改会计准则以更好地确认风险担保的成本；变更预算以更好地反映风险担保的成本；制定法令来强制政府公开与企业签订的基础设施项目合同，以便政府以外的人士评估政府面临的风险敞口。

---

① 关于赞同将量化作为解决决策难题手段的论述，可以参考 Dawes、Faust 和 Meehl（1989）；Kahneman 和 Tversky（1982）；Posner（2001）；Sunstein（2001）。

4

风险分配原则

为确定项目的哪些风险应由政府承担,本章将对风险进行定义,讨论风险分配原则,并介绍政府的特质对应用风险分配原则的影响。

4.1 定义

在讨论风险分配原则之前,首先要明确几个概念。比如,风险是什么?风险分配指什么?

4.1.1 无风险项目

"项目"可以指任何一类业务,并不仅指新业务或新项目。这里关注的是基础设施,但下列定义和原理并不仅仅适用于基础设施项目。

项目中的利益相关者指在项目中拥有经济利益的各方。比如在收费公路项目中,收费并且支付公路建设、维护和运营费用的企业是利益相关者;使用公路并支付通行费的用户是利益相关者;收税并共享收入,或支付担保和补贴的政府是利益相关者;工人、保险方、分包的建设承包商、其他交通项目的所有者和使用者以及邻近的商业机构也都是利益相关者。

这里只关注三类利益相关者:企业、用户和政府。通常整体分析用户,不区分纳税人和最终支付成本或享受归于政府的好处的其他公民(通常简称这一群体为"纳税人")。企业方面则有时会区分两种利益相关者,即企业股权人和债权人,这是因为他们之间的关系会影响用户和政府(见第五章中"企业资不抵债风险")。

可以将各方在项目中的价值量化为:各方的利益价值减去各方的成

本。通常要评估项目带给企业的所有现金流的现值,并将该企业的价值按照归属于股权人还是债权人进行分解。项目中归属于用户的价值是用户得到服务的现值与用户支付金额的现值之差("消费者剩余"的现值)。项目中归属于政府的价值是政府收入与支出的现值之差。

项目总价值指的是上述各方的价值之和,它是项目的经济价值并且与项目的经济回报率紧密相关:当项目的经济回报率大于资本成本时项目总价值为正。应当推进总价值为正的项目,淘汰总价值为负的项目。或者说,应当推进经济回报率大于资本成本的项目,淘汰不符合这一条件的项目。

所有利益相关者的利益都与项目总价值最大化关联。项目总价值越大,他们获得的就越多。但任何利益相关者都更关注自身利益最大化,为此他们可以无视项目总价值。利益相关者自身利益增加,项目总价值可能会增加,也可能仅仅是项目各方间利益的转移而总价值并未改变,还可能会导致总价值减少。比如说,如果收费公路企业游说政府提高通行费,利益就会从公路用户转移到企业。如果通行费增幅过大,即便通行便利超过通行费用,用户还是会减少公路使用。

4.1.2 风险

项目设计因不确定性或者说风险而变得复杂。[①] 未来有很多可能的状态,并不知道哪种会出现,但价值取决于最终的状态。因此项目总价值可以预估,但无法预知未来的实际值。

风险可以专门指可能发生的不利结果。比如会说大雨或地震损害公路的风险或者公路需求量低于预期的风险,而不说公路未受损的风险或需求量高于预期的风险。也可以将有利结果和不利结果的概率都看作风险——比如说损害不发生的风险以及交通流量超过预期的风险。人们经常会谈到

[①] 从 Knight (1921) 开始,研究者有时将风险区别于不确定性。在 Knight 看来,当各种结果的概率已知时说存在风险,当概率未知时说存在不确定性。大部分现实案例中概率都是未知的,然而基本上总是能够给出主观性概率(参见 Jeffreys 2004),因此上述差异在现实中并不重要。本文中的风险包括 Knight 所说的风险和不确定性。

上行风险和下行风险,虽然这是风险的传统修辞用法,但目前在学术界也很流行。[①] 综上,将风险定义为不可预知的价值变动。

项目总价值风险指的是不可预知的项目总价值变动。可以通过项目总价值的概率分布来反映这种变动的特点,即项目的可能总价值及其对应概率。图 4.1 是假设的项目各可能总价值概率分布的直方图,其中项目总价值最有可能的区间介于 20 和 30 之间,其概率约为 20%。但此值是不确定的,同时较好和较坏结果的概率也大体相同。项目总价值为负或在 100 及以上的概率都很小。

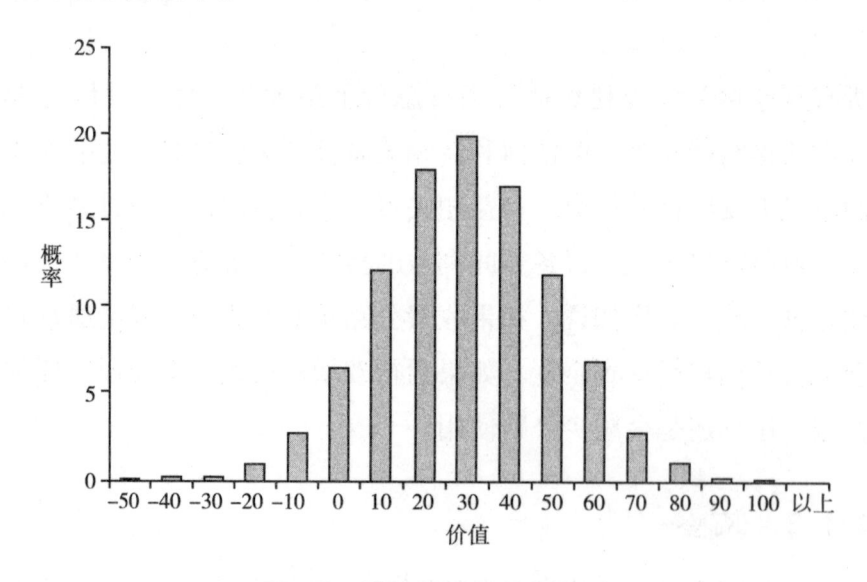

图 4.1 描述项目总价值风险

来源:作者计算。

注:左起第一个矩形标为"−50",显示项目总价值小于−50 的概率;最右边的矩形显示项目总价值大于 100 的概率。各矩形组距为 10,分别显示各组概率:左起第二组标为"−40",显示−50 和−40 之间值的概率;第三组标为"−30",显示−40 和−30 之间值的概率;以此类推。本图假定项目总价值呈正态分布,平均值为 25,标准差为 20。

利益相关者风险指的是项目中不可预知的、归属于该利益相关者的价值变动。可以用项目中利益相关者价值的概率分布来反映其特征,并用直

[①] 《牛津英语词典》(CD-ROM version 3.1,2004)对风险的定义不包含不确定的有利结果。第四版的《美国传统词典》将风险定义为:"投资收益的可变性"。本领域的一个例子是,Nevitt 和 Fabozzi(2000,428)将风险定义为"不稳定性;对未来的不确定性;更具体地说,涉及贷款或投资的不确定性程度"。

方图来描绘它。由于利益相关者价值总和为项目总价值,利益相关者价值概率分布加总起来即为项目总价值概率分布。

图4.2描绘了企业和用户两大利益相关者利益的概率分布。本图为了更直观地显示概率分布,加入了频数多边形(直方图矩形的轮廓图),其他方面与图4.1完全相同。项目总价值由企业部分和用户部分组成,因此项目总价值分布比企业价值与用户价值二者的分布都偏右。本例中企业和用户的预期价值相同,但企业承担了更多风险,因此企业价值分布更扁平。

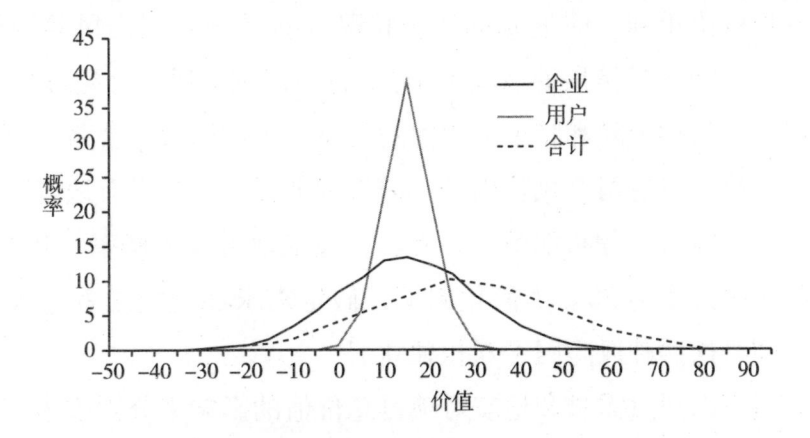

图4.2 利益相关者的风险与项目总价值风险

来源:作者计算。

注:与图4.1一样,本图假定项目总价值呈正态分布,平均值25,标准差20。项目中企业价值等于四分之三的项目总价值减去四分之一的项目预期总价值。用户价值等于四分之一的项目总价值加上四分之一的项目预期总价值。因此企业和用户平分项目预期总价值(各12.5),但企业承担了四分之三的风险。

4.1.3 特定风险

风险来源于很多方面。收费公路的风险来自需求、建设成本以及各种小概率但仍可能发生的事件(诸如地震)等的不确定性。可以将(特定)风险定义为由风险因子的不可预知变动所造成的价值的不可预知变动,其中风险因子指的是结果能够影响项目总价值的不确定变量。[①] 因此,可以

---

① 在统计学中,风险因子也可以表达为随机变量或随机过程。随机变量指的是将世界状态映射为实数的函数。例如,为了将是否会有地震表达为随机变量,可以用数字1代表将发生地震的结果,用数字0代表将不会发生地震的结果。

将建设成本风险定义为建设成本的不可预知变动所造成的价值的不可预知变动,将需求风险定义为需求的不可预知变动所造成的价值的不可预知变动,地震风险定义为地震是否发生的不可预知变动所造成的价值不可预知变动。更概括地讲,x 风险指的是 x 的不可预知变动所造成的价值的不可预知变动,在这里 x 指代某种风险因子。(可以将对风险的直观认知,例如价值不可预知的变动——称为一般性风险,以区别于特定风险。)

有些风险是具体项目层面的,而有些是整体经济层面的。比如说待建隧道的价值取决于施工时遇到的岩土状况(具体项目层面风险因子)和将来的利率(整体经济层面风险因子)。这一区别对风险分配影响重大。

为展示一般性风险和特定风险间的关系,再次以收费公路为例。假定影响项目价值的只有两个风险因子:需求和地震。假设没有地震时项目总价值只取决于需求,分布如图 4.1 所示。假定地震发生概率为 0.1,对项目造成的损失成本为 50。为简化起见,假定需求和地震二者造成的影响可叠加,同时这两种风险因子互相独立。①

然后就可以通过需求和地震对项目总价值的影响来分别描述需求风险和地震风险。可以将需求设定在其平均水平,通过此时项目总价值的概率分布来描述地震风险。同理,可以将地震对价值的影响设定在其平均水平——5 单位的损失(50 × 10%),通过此时项目总价值的概率分布来描述需求风险。图 4.3 显示的项目总价值风险与需求风险形状相似,只是地震的概率分布相对偏右。

风险因子虽然在一定程度上是随机的,但并不意味着其完全随机。除了随机因素外,风险因子也可以有确定性因素。因此,需求风险可以来源于单纯随机的交通量变量以及取决于诸如服务质量(如公路维护质量)的变量,即企业能控制的变量。②

---

① 具体说来,假定项目总价值为以下两者之和:(a) 从平均值 25、标准差 20 的正态分布变量中随机抽取数,用来表示需求风险值;(b) 从 90% 概率为 0、10% 概率为 −50 的二项分布数据中随机抽取数,用来表示地震风险值。

② 此外,某一群体的风险不一定也是其他群体的风险:有些群体能够预知风险因子值,而其他群体则不能。比如卖方就比买方更清楚自己商品的质量。这意味着这种风险是主观性的,而非客观性的(参见 Jeffreys 2004)。

4 风险分配原则

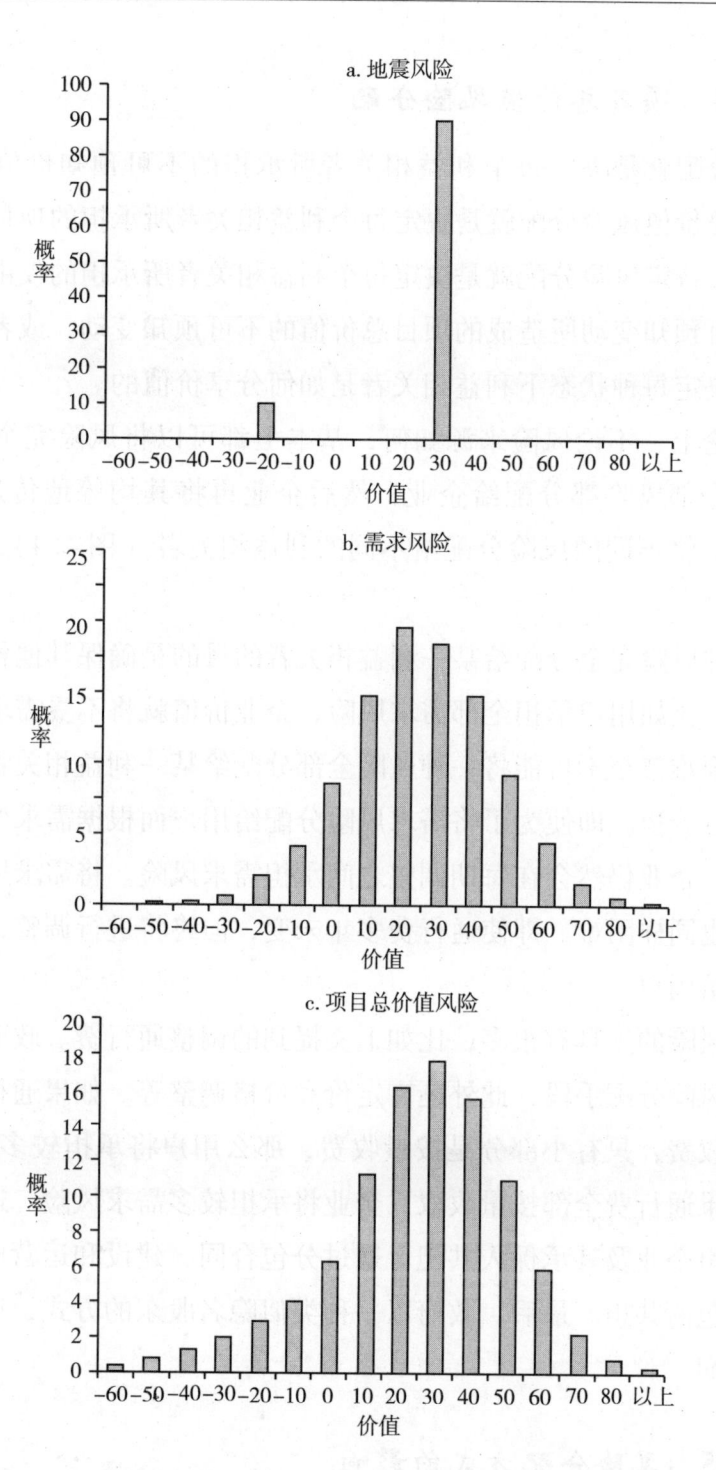

a. 地震风险

b. 需求风险

c. 项目总价值风险

图 4.3　项目总价值风险及其组成部分——需求和地震风险

来源：作者计算。

注：横轴数字的含义同图 4.1。

4.1.4 项目总价值风险分配

风险分配就是决定每个利益相关者所承担的不可预知价值变动的程度。项目总价值风险分配就是决定每个利益相关者所承担的项目总价值变动的比例。特定风险分配就是决定每个利益相关者所承担的仅由一种风险因子的不可预知变动所造成的项目总价值的不可预知变动。或者说，风险分配就是决定每种状态下利益相关者是如何分享价值的。

在理论上，不论风险来源如何，基本上都可以将风险完全分配。比如可以将全部风险都分配给企业，然后企业再将其均等地传递给股东。在实践中，将不同的风险分配给不同的利益相关者（图4.4），"分而治之"。

将一种风险完全分配给某一利益相关者的目的是确保其他各方不受此风险影响。比如用户承担全部需求风险，企业价值就将不受需求影响。然而现实中很难甚至不可能将一种风险全部分配给某一利益相关者，风险通常都由各方分担。即使为了将需求风险分配给用户而根据需求变化定期调整通行费，企业仍然会在每期调整之间承担需求风险。将需求风险全部分配给企业也同样困难。即使通行费多年未变，但终将进行调整，从而导致风险传递给用户。

分配风险的工具有很多，比如上文提到的调整通行费。政府风险担保也是一种风险分配手段，此外还有定价和价格调整等。如果通行费中大部分为固定收费，只有小部分是按量收费，那么用户将承担较多需求风险；相反，如果通行费全部按量收取，企业将承担较多需求风险。通过保险合同，风险由企业及其承保人共担。通过分包合同，建设和运营成本风险由企业和分包商共担。最后，政府以一种类似隐名股东的方式，通过税收分享项目利润。

4.1.5 风险分配方式的影响

利益相关者也受到项目总价值不变而只是价值分配方式的不可预知变动所引发风险（即分配性风险）的影响。将（一般）分配性风险定义

图 4.4 风险和利益相关者

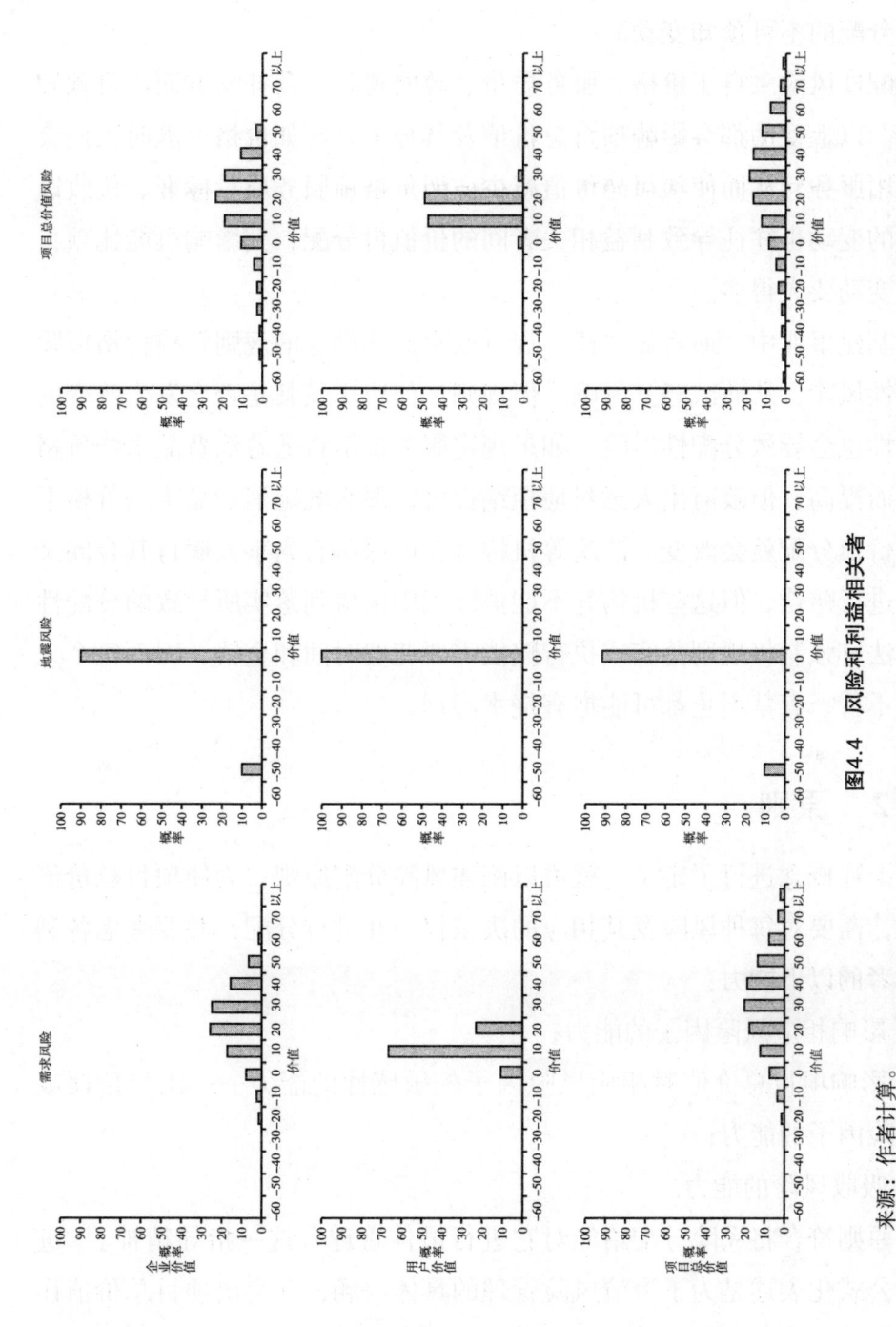

来源：作者计算。

注：需求风险和地震风险如图4.3所示，需求风险分担如图4.2所示，地震风险全部由企业承担。企业向用户支付3.75以使双方的预期价值相等，这一金额必须根据企业从承担大部分需求风险得到的预期收益和承担地震风险遭受的预期损失决定。此处将其他风险因子设为零以突出需求风险和地震风险。

为在项目总价值不变的前提下,价值在利益相关者间分配的不可预知变动。将(特定)分配性风险定义为分配性风险因子不可预知变动所导致的价值分配的不可预知变动。

分配性风险来自于价格、服务质量、政府税收以及补贴方面不可预知的变动。以上变动都会影响项目总价值及其分配。比如价格上涨时人们会减少使用服务,从而使项目总价值减少。但价格、服务质量标准、税收以及补贴的变动也往往导致利益相关者间的价值再分配,其影响可能比项目总价值变动要大得多。

在基建事业中,通常靠法律、规章或合同等设定的规则管控价格风险等分配性风险,从而减轻其影响。但规则如何应用及其是否会发生改变的不确定性也会导致分配性风险。如果规定服务价格将随着消费品平均价格的提高而提高,但政府出人意料地拒绝提价,那么既定消费品平均价格下预期的价值分配就会改变。法院等机构旨在确保所有当事人履行其合同义务或者进行赔偿,但这些机构并不能消除规则未得到落实所导致的分配性风险。法官强制将规则落实或执行赔偿需要花费时间和金钱,因而每个人对有令不行、有禁不止都可能抱有侥幸心理。

4.2 原则

对上述概念进行了定义,就可以阐述风险分配原则:为使项目总价值最大化,需要对每种风险及其相应的决策权一并进行分配,并要考虑各利益相关者的以下能力:

1. 影响相应风险因子的能力;

2. 影响项目总价值对相应风险因子的敏感性的能力——比如预期或应对风险因子的能力;

3. 吸收风险的能力。

本原则符合将风险分配给能对它进行最佳管理者这一指导精神。[1] 进行上述公式化表述是为了澄清风险管理的具体内涵,并突出项目总价值作

---

[1] 可参见澳大利亚维多利亚州政府(2001)、国际货币基金组织(2005)、Quiggin(2004)。

为评价风险管理优劣标准的地位。

　　本原则要求所有归属于利益相关者的价值总和最大化——以货币为计量单位，同时不考虑价值分配。根据这一原则，不论一美元是属于用户（任何用户）还是企业或政府，其价值是相同的。对此存在一些反对意见。然而风险分配不等同于价值分配，将风险分配给某一利益相关者并不一定损害其利益。当风险因子对应的结果不利时，利益相关者利益受损；当风险因子对应的结果有利时，利益相关者实际上是受益的。比如将地震风险分配给保险公司，除非保费太低，实际上保险公司利益不会受损。当然，如果地震发生，保险公司只能承担损失；而如果地震不发生，保险公司将获得利润——但这不是这里要讨论的问题。政府可以合理分配风险，以最大化项目总价值，然后通过其他政策工具（尤其是价格管控和补贴）来达成合意的价值分配。[1]

　　本原则指明三种管理风险的途径：影响风险因子；预期或应对风险因子；吸收风险。上述三种途径会在不同的方面起作用。能最有效影响风险因子者可能并不是能最有效预期或应对风险因子者，同时这两者可能都不是最有效吸收风险者。因此，要以项目总价值最大化为目标进行权衡。

4.2.1　将风险分配给能最有效影响风险因子的利益相关者

　　如风险分配原则第一点所说，其他条件相同，应将风险分配给最能影响相应风险因子的利益相关者。[2] 道理很简单：如果某一利益相关者能够影响风险因子并承担相应风险，其就应能够通过改善风险因子的结果而受益，并承担相应的成本。只要因此带来的额外成本低于产生的额外收益，该利益相关者就有改善风险因子的结果的动力。如果所有收益和成本都归于该利益相关者，它就有动力通过这项风险因子来最大化项目总价值。

---

[1] 这体现了对大部分政策应根据其效率性而非分配效应进行评价的理念，具体可参见 Posner (2001)。

[2] 这里体现了道德风险理论中的相关原则："其他条件相同，分配风险以最小化道德风险。" 道德风险理论起源于保险业，在其中利益风险存在于不利一方，但也可以推广到有利一方。可以做到确保有利结果并避免不利结果。在早期关于道德风险的经济学探讨方面，可以参见 Arrow (1971) 和 Stiglitz (1974)。

正因为如此，通常让企业承担建设成本风险，然后企业又会让建设承包商来承担这项风险。原因在于，建设承包商能够通过选择材料、技术以及工程管理质量来影响建设成本。只要能够监控施工质量，当建设承包商承担建设成本风险时（即实际建设成本比预期的低时它盈利，比预期的高时它亏损），项目总价值往往就会较高。这样就可以避免采用为建设成本提供政府风险担保或设定与实际（相对于预期而言）建设成本无关的价格等方式将建设成本风险分配给企业。

建设承包商对建设成本最有影响力，而政府可以影响其他方面。比如政府有权为公路建设征收土地，而这一权力不能授予他人。因此政府对获取土地的成本最有影响力。为了将与土地获取成本相关的风险分配给政府，可以首先让企业向政府支付预期的土地获取成本，然后要求政府支付实际的获取成本。如果政府同时承担着土地获取延期成本的相关风险，那上述风险分配会促使政府有动力最小化土地获取的总成本。

其他风险也可以根据风险分配原则的第一点进行分配。企业至少能有效影响项目的某些运营成本，因此将相关运营风险分配给企业有可能最大化项目总价值。同建设成本风险一样，为了促成风险分配，需要避免采取某些行为——本例中，需要政府不为企业收益率提供风险担保或不根据实际运营成本调整价格。因此，需要将根据整体经济或全行业价格指数的变化（企业无法控制这些变化）调整价格作为定价规则，而不是根据实际成本（在价格管制后，企业经常会影响实际成本）进行调整。

4.2.2 将风险分配给能最有效预期或应对风险因子的利益相关者

有时没有哪一方能影响风险因子，因此风险分配原则第一点就无助于指导风险分配决策。然而即便无法影响风险因子，总有某一利益相关者能够对其进行预期或应对。通过这一途径，该利益相关者能够影响项目总价值对风险因子的敏感性。如果结果或预期结果不利，利益相关者可以采取措施降低敏感性；如果结果或预期结果有利，利益相关者可以采取措施增强敏感性。换言之，利益相关者可以减轻下行风险并利用上行风险。因此风险分配原则第二点就是将风险分配给能最有效影响项目总价值对风险因子的敏感性的一方。①

比如说，没有人能影响地震的发生，但这并不意味着没有办法化解地震风险。如果某一利益相关者对地震了解更多并负责工程选址，那么其就可以在受地震影响较小的地方选址。或者，假定各方知识水平相同的话，利益相关者可通过选择建筑方法和材料来更好地化解风险。这两个假设中的利益相关者都能最有效预期风险因子。

同理，没有人能对需求产生较大影响，但某一利益相关者却能更出色地预测需求并据此调整项目设计。收费公路项目总价值是否为正就取决于诸如需求等因素。假定没人能影响需求，把需求风险分配给能最出色预测需求的利益相关者，就可促使该利益相关者在是否修建公路上做出更好决策，从而最大化项目总价值。

或者，一旦风险发生，由某一利益相关者来应对风险因子的变化会有更好的效果。比如说发电工程，其实际规模由需求决定。假定投资可以按阶段分步进行的话，初始小量投资、然后随需求增长而加大发电设备装机容量应是理想的投资计划。如果企业较其他利益相关者能更快更好地应对变化，将需求风险分配给它就可促使其针对需求变化做出增值性应对，从而最大化项目总价值。

这一观点在某种程度上与项目所包含的有价值的实物期权有关，比如推迟、扩张、收缩或是放弃项目以及在不同投入之间转换等方面的期权（可以参见 Copeland 和 Antikarov 2001、Dixit 和 Pindyck 1994）。将风险分配给能最有效应对相关风险因子的一方意味着将风险分配给能最有效实施相关实物期权的利益相关者。

---

① 风险分配原则的这一部分与逆向选择理论有关。如同道德风险理论，逆向选择理论也起源于保险业，其中的利益风险也存在于不利一方。保险业中的逆向选择问题在于承担风险的人会去寻求保险，而不承担风险的人则没有这种意愿。逆向选择也可以推广成正负风险问题。Akerlof（1970）指出，如果卖方对商品质量比买方了解更多，逆向选择会导致卖方自然地承担风险。其他早期的逆向选择理论应用，参见 Rothschild 和 Stiglitz（1976）、Weiss（1981）。

4.2.3 将风险分配给能最有效吸收风险因子的利益相关者

风险分配原则的前两点对社会资本实施的基础设施项目风险分配最为重要。如果某一利益相关者能最有效地影响风险因子，或者即便做不到也能最有效地影响项目总价值对风险因子的敏感性，那么该利益相关者通常就应当承担风险。如果人们都是风险中性的（只关心结果的期望值而非其变动性），那么只有风险分配原则的前两点是至关重要的。进一步来看，如果金融市场是健全的，那么也只有风险分配原则的前两点发挥作用。因为在这一假设下，人们可以交易所承担的风险，最终人们吸收更多风险的能力将达到均衡。[①] 此时，不可分散风险仍然重要，而且其重要性对所有人都相同。但是，实际上人们并非风险中性的，金融市场也并不健全。因此风险分配原则第三点的重要性就体现出来了：必须考虑各方吸收风险的能力。

某一利益相关者吸收风险的能力取决于四个方面。首先，取决于风险因子与利益相关者其他资产负债价值间的相关程度。如果新的风险很小并与已有投资组合的风险不相关，那么利益相关者承担风险的成本就低。如果新的风险很大或者与已有投资组合风险高度相关，那么成本就很高。比如，收费公路需求与当地经济情况相关，因此也与政府资产负债投资组合价值相关（当经济强劲时，政府税收趋于增长，社会福利支出趋于下降）。同样的原因，需求风险也与用户投资组合高度相关。然而如果对象是跨国企业，其相关程度就会相对较弱。[②]

其次，取决于利益相关者转移风险的能力。企业和政府可以通过购买衍生品来规避利率、汇率以及诸如石油等大宗商品价格变动带来的风险。相反地，普通用户则通常缺乏此种能力。因此其他条件相同时，企业和政府吸收上述风险的成本较普通用户要低。

---

① 上述观点与 Modigliani 和 Miller（1958）定理有关，即在完美金融市场，企业不能通过改变其资本结构来改变自身价值。

② 根据相关金融理论，与企业投资组合的相关性并不重要，重要的是与其股东以及从根本上讲所有股东的投资组合的相关性。参见第七章。

再次，各利益相关者向其他最终承担风险方传递风险的能力也有所不同。比如政府和企业最终并不承担风险（虽然政客和企业经理人可能会承担）。分配给政府的风险最终由纳税人及政府支出受益人来承担：如果政府处境顺利，会减税或增加开支；如果政府处境困难，则必须增税或减少开支。分配给企业的风险最终由其债权人、承保人、分包商及股东承担。

最后，最终的利益相关者们的风险规避程度不同。贫困用户比一般的纳税人或股东更倾向于规避风险。

4.2.4　风险与权利的匹配

能最有效管控某项风险的利益相关者不是固定的，而是取决于决策权在各方之间的分配。因此风险和权利就必须协同分配。

再以收费公路的需求风险为例。根据需求要做出的最重要决策是应不应该修建公路。为了简化问题，假设只有这个决策要取决于需求，同时各利益相关者吸收风险的能力相同，并且企业不参与决定公路应否修建，但为促使企业修建公路，政府准备不遗余力地提供补贴。这样的话，将需求风险分配给企业将毫无益处，即便企业在预测需求方面比政府更加出色。应当让政府承担全部风险以促使其尽可能好地预测需求，或者分给企业一部分关于应否修建公路的决策权。这并不意味着企业要靠自己决定应否修建公路。政府可以宣布将把需求风险分配给企业并提供金额一定的补贴，然后看是否有企业想接手项目。如果所有企业都认为在现有补贴条件下的需求无法使公路赢利，那么将没有企业愿意接手，公路也自然不会修建。在此基础上，进一步假设企业最能有效地预测需求，并假设上述补贴设计合理，那么不应修建公路就是正确结果。

或者，再考虑电力项目的需求风险。一般认为电力企业最能有效地预测需求，因而认为应该把需求风险分配给企业。但是，如果政府想要利用企业的预测能力，就必须赋予企业决策权，从而使企业能够预期或应对需求变化，包括允许企业决定投资时机以及要使用的技术等等。如果政府想把新发电厂外包给独立的发电企业，同时又想独揽决策权的话，就不得不承担需求风险。这样的话，不论用电需求是大是小，政府将不得不签署长期采购承诺，通过国有机构认购电力。

4.2.5 风险分配原则在四类风险中的运用

可以根据风险是否为具体项目层面风险还是整体经济层面风险、其影响项目总价值还是仅仅影响价值在利益相关者间的分配，将风险划分为四类（见表4.1）。风险分配原则的三点都与具体项目层面的项目总价值风险的分配有关，同时，通常仅有一点或两点与其他三类风险的分配有关（见表4.2）。

表4.1 四类风险举例

		性 质	
		影响项目总价值的风险	分配性风险
范围	具体项目层面风险	项目建设成本不可预知的变动所造成的价值不可预知的变动	受管制的服务价格不可预知的变动所造成的价值在利益相关者之间分配的不可预知的变动
	整体经济层面风险	建筑工人工资不可预知的变动所造成的价值不可预知的变动	汇率和外币债务不可预知的变动所造成的价值在利益相关者之间分配的不可预知的变动

来源：作者表述。

表4.2 四类风险的分配原则

		性 质	
		影响项目总价值的风险	分配性风险
范围	具体项目层面风险	影响风险因子；影响项目总价值对风险因子的敏感性；吸收风险	影响风险因子
	整体经济层面风险	影响项目总价值对风险因子的敏感性；吸收风险	影响项目总价值分配对风险因子的敏感性；吸收风险

来源：作者表述。
注：应根据每个利益相关者处理上表相应单元格中事项的能力，将风险及相应决策权分配给相应的利益相关者，从而最大化项目总价值。

通常一方利益相关者就可以控制具体项目层面的分配性风险。比如服务价格，在价格管制的情况下受政府控制，否则企业就可以控制它。面对此类风险，应该专注于控制风险，而非预期、应对或是吸收风险。出于这个目的，可以将风险分配给能控制它的一方。因此，风险分配原则的第二点和第三点相对于具体项目层面的分配性风险就不重要了。

整体经济层面的风险与具体项目层面的风险有所不同，大部分利益相关者不能影响整体经济层面风险的风险因子。或者，对于政府来说，虽然其能够影响整体经济层面风险的风险因子，但仅因某个项目而做宏观决定通常并不合理。因此，如果在某一特定项目的范围内考虑风险分配，风险分配原则的第一点难以应用于整体经济层面风险。相反地，必须关注预期和应对风险因子以及吸收风险。即，整体经济层面风险通常需要根据风险分配原则的第二点和第三点来进行分配。

4.2.6 交易成本

交易成本限制了特定风险分配的收益。[①] 理论上讲，风险可以被无限分割：建设成本风险可以根据工程不同阶段、不同种类工作和材料的价格进行分割，需求风险可以根据用户类别进行分割，运营成本风险可以根据运营成本的组成进行分割，等等。

在其他条件相同的情况下，良好的分配可以最大化价值，因为这样可以将每种风险分配到能最有效管控它的利益相关者那里。但分析风险及其相互作用的方式、针对风险分配进行磋商并起草合同，以及监督各利益相关者对其合同义务的履行情况等，都会产生成本。对规模大、花费高的项目来说，优秀的风险分配是极有意义的；但超过一定程度，越来越精密的细分以及风险分配导致的交易成本将超过进一步细致管理带来的收益。[②]

即便风险分配设计花费不高，但却可能由于代价过高而难以实施。比如大可直截了当地制订法案，规定政府承担一切政策性风险，并以此要求政府补偿所有因政策变动而受损的利益相关者。然而这种规定的执行成本会异常高昂。首先是难以预测政策变动的成本和效益。比如，规定石油去

---

① 相关论述参见 Arrow (1971)。
② Klein、So 和 Shin (1996) 讨论社会资本融资项目的交易成本。

铅对开车的人来说会增加成本，对步行的人则有利；对石油公司和汽车制造商可能不利，对孩子们则有利。很难确定成本和效益最终哪个大。对于企业来讲，企业、员工以及股东会不会遭受损失，取决于规则变动时价格如何随之变动，而这种变动又取决于企业面对的竞争。

更加宽泛地说，如果政府承担所有政策性风险，那么每项引发价值再分配的政策变动（注意，是每项这样的变动）都将要求政府补偿所有损失方并对所有受益方额外征税。为实现上述补偿性补贴和征税而进行的税收与福利体系设计将会产生成本；估算个人与企业由于规则变动而发生的得失也会产生成本；此外，具体数额方面的争议也会产生成本。很多受损方会认为任何补偿都不足以弥补其损失，而很多受益方会怀疑其所得是否与其承担的额外税收相匹配。总之，交易成本会高得难以置信。

这并不意味着政府承担风险的交易成本总是过高。某些政策变动会不均衡地影响某些个人或企业。比如政府征地修路（这里将其定义为政策变动），对土地所有者的补偿额进行测算将产生交易成本，但交易成本不会高得难以接受；如果政府不补偿土地所有者，就更加没有动力去考虑相关土地的成本。实际上，往往是出于其他目的来评估土地价值，在评估中顺带确定补偿额度，因此并不会产生过高的成本。[①]

但是，的确需要对风险分配原则做如下重申：在考虑到各利益相关者影响、预期、应对或吸收风险的能力以及交易成本的基础上，对风险及其相关权利进行分配，以最大化项目总价值。

4.3　政府特质

需要结合政府的特质对风险分配原则进行一些调整。

4.3.1　吸收风险的能力

政府有时比企业更能吸收风险，因为政府可以将风险分散给数以百万计的纳税人和政府支出的受益人（Arrow 和 Lind 1970；Whitman 1965）。

[①] 关于征地补偿的分析，参见 Shavell（2004，第6章）。

例如，美国个人所得税纳税人有1亿①，受益于联邦支出的居民近3亿，这些人分担了原本分配给美国政府的风险。按照风险分配原则的第三点，当政府更能吸收风险时，一般将风险更多地转移给政府。

这并不会显著影响基础设施项目风险的合理分配。一方面，风险承担成本并不是基础设施项目风险分配的决定性因素。如果一方能对风险产生影响、形成预期或作出应对，那么将风险转移给这一方而不是最能吸收风险者，对项目总价值而言更好。另一方面，大型企业同样可以将风险分散给数以百万计的股东，即持有大型企业股权的共同基金、养老基金和保险公司等背后的最终受益人。实际上，一些大型企业分散风险的程度甚至比小国政府所能做到的还要大。②

4.3.2 强制分散风险的能力

有时政府能够用来分散风险的人群不如企业多，但是政府拥有强制分散风险的能力和优势，即政府可以强迫公民承担风险。这种能力的缺点是，即使政府实施了论证草率、风险很大的项目，公民也别无选择，只能承担风险。不过，这种能力使政府有办法解决市场无法解决的问题。

因为希望转移风险的一方总是比可能接受风险的一方更了解该风险，

---

① 美国财政部发布的一则消息称1999年登记在册的个人所得税纳税人数为9 800万（http://www.treas.gov/press/releases/docs/count.pdf）。

② 一个紧密相关的问题是政府的资本成本是不是比企业的资本成本更低。大多数政府能够以比大多数企业所能获得的低得多的利率借贷，这也使得一些人认为政府融资比社会资本融资更便宜。然而，这种观点是错的，因为项目中的投资成本不是投资实体所支付的利率（可以参见Brealey Cooper和Habib 1997；Flemming和Mayer 1997；Jenkinson 2003；Klein 1997）。政府的低借贷利率部分反映了政府的征税能力，这就好像纳税人为政府借贷提供了免费的担保，借贷的全部成本应该将这项担保计算在内。一个相似的观点同样也适用于企业，大的、多种经营的、盈利的企业的借款利率比其他企业低，但它新项目的资本成本并不会因此更低，其他项目有效担保了新项目的贷款。本文所讨论的观点更复杂：政府资本成本更低是因为政府能将风险分担给更多的最终风险承担者。可以参见Klein（1997）的研究以了解更多。同时也有其他观点，包括社会资本的资本成本反映了风险厌恶的非理性程度的可能性，其种种原因包括第三章中"认知障碍"部分的讨论（参见Quiggin 2004；Siegel和Thaler 1997）。本文认为，政府投资和社会资本投资的资本成本都是其机会成本，取决于无风险利率和项目风险（Brealey Cooper和Habib 1997）。

所以市场并不会承保所有风险。① 保险公司难以辨别风险高低，而在既定的保险费水平下，风险较高者更愿意购买保险，结果使得保险公司要承担比平均水平更高的风险。通过增加保险费来解决这一问题并不一定奏效，因为这会减少风险较低者购买保险的比例，结果保险公司就会承担风险更高的风险组合。因此，部分风险很难投保。原则上，政府可以通过自我保险并以税收收入强行支付自我保险成本的方式，或者通过推行强制商业保险的方式，来解决这一逆向选择问题。②

政府的强制力还有助于减少信息不对称。政府可以强行获得企业和保险公司无法获得的信息，由此减少逆向选择和道德风险的发生。所谓道德风险，是指当一方不承担相应风险后果时，不关心如何降低风险，只关心如何使自身效用最大化的自私行为（Moss 2002, 50）。

考虑到政府的这些强制力，一般认为应由政府提供或委托提供医疗保险。政府是否因此应在基础设施项目中承担更多风险尚未明朗，但值得探讨其可能性。

4.3.3 为贷款提供补贴的能力

强制力使得政府可以课税，因而可以提供补贴，尤其是为借贷提供补贴（补贴利息支出或提供贷款担保），从而鼓励商业贷款人以较低的利率向外贷款。

政府是否应该用强制力解决由道德风险和逆向选择引发的另一问题尚有争议。这个问题就是，贷款人和保险公司一样，不如其客户那般清楚即将进行的贷款交易所涉风险情况。贷款人不清楚借款人的项目情况，也不清楚借款人会采取哪些提高或降低风险的行为。贷款人可以设定更高的利率来抵消这一问题，但正如前面保险的例子一样，这并不能解决问题。提高利率会增加贷款风险的平均水平，因为一些有着低风险、低回报的潜在

---

① 与此相关的有影响力的早期讨论，参见 Rothschild 和 Stiglitz（1976），关于政府在风险管理中作用的近期讨论，参见 Moss（2002）。

② 政府甚至可以在代际之间分配风险。通过借贷，对当代的冲击可以被转移给后代。

借款人不会再借款,而剩下的一些借款人将使贷款风险变大。① 在这种情况下,贷款活动实际上成了信贷配给,利率机制不再能理顺市场关系,一些企业也无法以合适的利率水平借贷。

信贷配给可以成为政府提供债务风险担保的依据。② 一些理论模型显示政府对信贷提供支持会增加国家福利,并且,在有些情况下,债务风险担保的效果优于利息补贴的效果。③ 理论文献关注债务风险担保,但其他风险担保在减少企业风险和促进融资方面也能起到同样作用。如果这些模型具有实践价值,政府将会更愿意以风险担保来帮助基础设施项目企业筹集资金。

然而,信贷配给又不是政府提供债务风险担保的强有力依据。不同的模型在相同的条件下得出了截然不同的结论。其中有的研究认为政府应该对信贷配给行为课税,否则就是不鼓励借贷(de Meza 和 Webb 2000)。一项试图运用信贷配给模型量化美国政府补贴的影响的研究发现,借贷风险担保弊大于利(Gale 1991)。Joseph Stiglitz 是信贷配给理论的开拓者,经常声称政府干预是弥补信息失灵的有效手段,但他同时也对政府在借贷市场中的作用持怀疑态度(Stiglitz 1989, 202)。最后,考虑到信息问题的普遍性,如果针对信贷配给的政府干预有效,那么很有可能是对整个经济范围都有效,而不仅仅对基础设施领域项目有效。

4.3.4 在资源再分配中的角色

强制力使政府可以在公民之间强制实行资源再分配,并以这一项能力区别于其他利益相关者。虽然社会对此存在争议,但大部分人认为政府拥有这一能力是合理的。而且,大部分人认为政府会改变再分配的范围和性质。然而,再分配政策改变时,政府无法承担所有政策风险,也不可能为所有的政策变动作出补偿。

---

① Stiglitz 和 Weiss(1981)对此问题进行了讨论,Tirole(2006)将此问题写进了教科书。
② Eichengreen(1996)给出了例子。
③ Innes(1991)和 Janda(2005)给出了例子。

4.3.5 财务激励敏感性有限

不同利益相关方会对因承担风险而产生的激励作出不同方式的反应。例如，企业由经理人运营，但经理人并没有应对企业所承担风险的直接动机。公司治理更致力于确保在公司有利可图时经理人表现得更好。尽管公司治理远远未臻完美，但其确实鼓励经理人降低成本，增加收入。因此，可以预见的是，将风险转移给公司将会改变公司的行为。

政府决策的制定者并不能在增进政府利益时获得直接财务利益。政治家的薪酬和奖金与政府的财务绩效并无必然联系。总体而言，政治治理使用财务手段激励政府决策者不如公司治理使用财务手段激励经理人有效。这实际上也是许多要求将企业引入基础设施供给的观点的关键论据。

如果政府对承担风险的财务好处不那么敏感，将风险转移给政府的好处就不那么多。甚至当政府有能力影响、预期或应对风险因子时，反而可能不作为。如果企业或用户有相同的影响、预期或应对风险因子的能力，并且与政府相比对财务激励更为敏感，将风险转移给企业或用户更有利于项目总价值最大化。

5

三种风险分配

第四章提出了风险分配原则,并且穿插讨论了其对需求风险和建设成本风险分配的作用。在本章中,将重点关注三个比较难以分配的风险:汇率风险、企业资不抵债风险和政策风险。

5.1 汇率风险

汇率时常波动,在发展中国家尤甚,这对基础设施项目来说会产生两类风险。

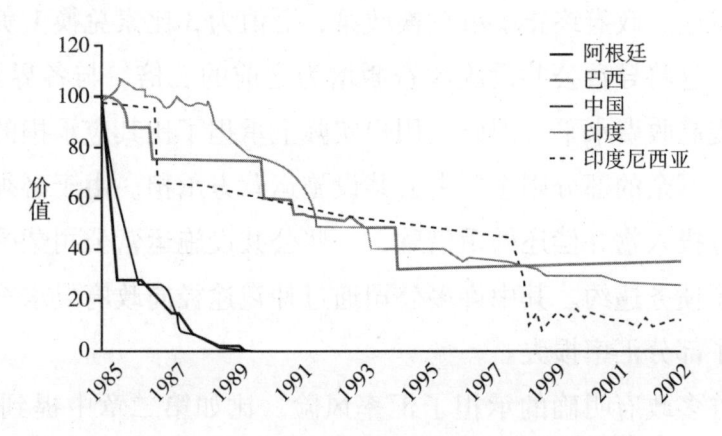

图 5.1　1985~2002 年五个发展中国家货币相对美元汇率

来源:Gray 和 Irwin 2003a。

首先,大多数基础设施企业的可贸易投入物的成本与汇率高度相关。比如,许多电站无论使用进口燃料还是国内燃料,燃料成本都由国际价格决定。因此其以本币计量的价格取决于汇率。少数基础设施项目,比如一些发电厂通过传输线连接邻国市场,提供可贸易服务,其价值同样随着本币涨落。但是，大多数基础设施项目提供的服务不涉及国际贸易，较低的汇率并不会直接使用户认为以本币计价的服务价值更高。因此这些项目的价值趋向于与本币币值反向变动。

其次，即使一个基础设施项目不需要可贸易投入物，其融资行为仍然可能带来汇率风险。在发展中国家，企业可能很难获得长期的固定利率本币贷款。本国银行可能只提供短期的固定利率贷款，而本币债券市场则可能根本不存在。此外，该国也可能没有衍生工具市场。这使得企业难以将浮动利率与固定利率或本币与外币支付进行互换。所以，项目公司经常借入外汇借款，承担汇率风险。如果本币大幅贬值，项目投资人将会承受巨大损失。而如果项目产品的价格与汇率进行绑定，则损失将转由用户承担。如由政府提供了汇率风险担保，本币贬值的损失将被转嫁给政府。[①]

阿根廷曾遭受汇率风险损失。在20世纪90年代，阿根廷社会资本投资的公共设施收费价格以美元计算（Estache 2002），因此用户承担了汇率风险。之前，阿根廷比索相对美元的汇率长期保持在1∶1的水平，但在经济危机中，政府终止了可兑换政策，贬值为3比索兑换1美元。根据定价规则，这将导致公共设施收费激增为之前的三倍。与各界预期相同，政府拒绝提高收费水平。因此，用户实际上承担了比其应承担的少得多的汇率风险，剩余的部分则主要由公共设施运营方承担。由于必须以国际价格购买部分投入物并偿还外币借款，一些公共设施运营公司蒙受了巨额损失并出现了债务违约。其中许多公司通过仲裁途径向政府寻求补偿，也使政府承担了部分汇率损失。

也有许多政府明确的承担了汇率风险。比如第二章中提到的，20世纪60年代和70年代初西班牙政府为收费公路提供的风险担保。智利和韩国同样就汇率风险为收费公路提供了担保。[②] 幸运的是，相比于西班牙，智利和韩国自提供担保后，货币主要处于升值状态。韩国政府规定，政府

[①] 多数时候，汇率风险由政府承担，主要方式为通过承诺长期以外币名义价格购买电力或水的方式来进行补贴。

[②] 其他提供汇率风险担保的国家有哥伦比亚（Christopher、Lewis 和 Mody 1997）、多米尼加共和国（Guasch 2004）、马来西亚（Fishbein 和 Babbar 1996）。

补偿货币贬值超过20%而导致的特许权获得者损失的一半，对应地，政府将享有货币升值超过20%而带来的特许权获得者收益的一半。智利的担保条款与韩国类似，只是政府承担超出阈值的所有汇率风险。

有观点认为，由于政府比其他各方更能够控制汇率风险，因此汇率风险应由政府承担。另一种观点认为，分配给政府的汇率风险最终将由纳税人承担，而纳税人实际上就是公共产品的用户，所以汇率风险应分配给用户。两种观点都认为没有理由将汇率风险分配给企业，因为企业对汇率风险的风险因子毫无控制力。但企业可以改变项目对汇率风险因子的敏感性，从这个角度来看，还有一些观点认为企业应当承担汇率风险。[①]

5.1.1 货币风险分类

汇率风险对经济的影响是全方位的，其风险因子不仅影响基础设施项目，而且影响几乎所有行业。由于项目投入物的价格升高意味着项目总价值减少，所以与项目投入成本相关的风险是一种项目总价值风险。与外币借款相关的风险是部分可分配的，即当企业借入外币时，汇率将影响企业价值在股权人和债权人之间的分配。如果存在定价与外汇挂钩或者政府风险担保的情况，那么汇率将影响价值在企业、用户、政府之间的分配。

货币风险还取决于汇率是固定的还是浮动的。固定汇率机制下，外汇风险主要来自于货币的贬值或升值的可能性，以及政府转为采用浮动汇率机制的可能性。汇率调整机制的变动很可能与货币贬值或升值相关。

采用固定汇率制度的国家，通常也进行资本管制，即限制本国货币兑换为外币并流向海外。资本管制将可能带来外汇管制与资本流通风险。如果政府控制外币兑换和流通，并采用固定汇率政策，那么政府也就控制了汇率。在这种情况下，汇率风险就是政策风险。有关政策风险的内容将在本章后面讨论。在采用浮动汇率政策的国家，主要的货币风险为汇率风险，这也是本节讨论的重点。

---

① 这些观点详见 Gary 和 Irwin（2003b）；Mas（1997）；Matsukawa、Sheppard 和 Wright（2003）。

5.1.2 可贸易投入物的价格

从与项目可贸易投入物的价格相关的汇率风险开始讨论。这一部分风险可以被定义为：由不可预知的汇率变动引起的项目投入物价格的不可预知变动所导致的项目价值的不可预知变动。第四章中的观点是，整体经济层面上影响项目总价值的风险，通常应当分配给有能力影响项目总价值对该风险因子敏感性或有能力吸收该风险的一方。在决策权等权利也将得到相应分配的条件下，如果有一方能够强烈影响风险敏感性，那么这一方就应当承担该风险；如果难以判定各方对风险敏感性的影响程度，那么最有能力吸收该风险的一方应当承担。①

有时，并无任何一方能够强烈影响项目总价值对汇率变动的敏感性。此时根据风险分配原则，企业或用户必然对其有一定的控制力。企业可以通过选择所需投入物不同的工艺技术，来改变项目总价值对汇率变动的敏感性。比如，电力公司可以选择水力发电技术或燃气发电技术。另一方面，由于投入物之间的相对价格会随着汇率变动，企业能够通过在不同投入物间进行转换来应对风险。比如，一家同时拥有水电站和燃气电站的电力公司可以通过改变其业务重心来应对能源价格或水价的变动。此外，企业还可以通过签订长期采购合同，将投入物（如天然气）的本币价格固定下来。

用户行为同样能够影响项目总价值对汇率的敏感性。当汇率和可贸易投入物的成本变动时，公共产品和服务的边际成本随之改变。比如，当燃料价格上升时，电力的边际成本上升，项目总价值最大时的消费量下降。因此，最优策略是将用户（尤其是工业用户）支付的边际单价设定为边际成本，并允许企业收取固定的费用来应对收入难以覆盖成本的情况。如果边际单价随边际成本变动，则用户最终承担了汇率风险。

---

① 此处，整体经济层面的风险不应当根据哪一方更有能力控制风险因子来分担。有观点认为这一认定毫无根据且忽视了政府有能力通过货币和财政政策来影响汇率。根据该观点，汇率变动带来的项目投入物价格变动所引起的风险更应由政府承担。而要证明该观点，则应首先证明政府的财政和货币政策将根据并应当根据某个具体项目的情况而改变。这无疑是认为该项目的重要性超出了整体经济。

企业与用户吸收汇率风险的能力并不相同。尤其是在资产规模方面，当面对汇率风险时，用户与企业（实际为企业股权人）并不在同一层次。剧烈的货币贬值通常发生在宏观经济危机中，此时用户的资产大幅缩水。相比之下，企业的股权人可能是外籍人士或配置了部分海外资产的本地富人，因此更有能力吸收汇率风险。

总的来说，根据风险分配原则，由汇率变动引起的投入物价格变动带来的风险，应当在企业和用户之间，根据其预期或应对该风险的能力来进行分担。如果两方均缺乏预期和应对能力，则由其中更有能力吸收该风险的一方承担，这往往意味着由企业承担。

5.1.3 外币借款风险

外币借款风险的分配同样遵循第四章提出的原则，即风险由最有能力影响项目价值对该风险因子敏感性的一方承担，若各方均无此能力则由最有能力吸收该风险的一方承担。

外币借款的规模决定着项目价值对汇率变动的敏感性和项目价值的分配。而企业及其债权人通常决定了外币借款的规模。因此，根据风险分配原则，建议将该风险分配给企业及其债权人，并禁止其将风险转移给用户和纳税人。这意味着政府要规定项目收费不与汇率挂钩且不提供汇率风险担保。

当政府提供汇率风险担保或规定价格与汇率挂钩时，企业倾向于以最低利率尽可能多的借入资金。[1] 这一策略看上去削减了成本，但较低的外国利率可能意味着本币对外币贬值的预期。举例来说，如果本国利率为12%而外国等价利率是2%，可以预期本币将以两国利率差额的幅度贬值约10%。[2] 所以，如果价格与汇率挂钩，则价格很可能会上升，如果政府

---

[1] Gómez-Ibáñez 和 Meyer（1993，130）称西班牙政府提供的汇率风险担保是"致命的，因为其促使企业积极寻求最低名义利率的外币贷款而忽视了汇率风险。"

[2] 无抛补利率平价理论认为，货币预期的贬值程度等于两国间的利率差额。该理论有两个前提：投资者完全理性，持有任意一种货币无风险溢价。而实际上，经过实证检验，非完全理性的投资人（见第三章）和产生风险溢价的可能性表明无抛补利率平价理论是不成立的（详见 M. Taylor 1995）。不过，在利率差额巨大的情况下，仍可认为高利率货币相对低利率货币将发生贬值。

提供了风险担保则该担保会被兑现。

另一种将外币借款风险分配给企业及其债权人的方式是对风险分配原则做些变通：当企业及其债权人决定借入外币资金时，其应当承担相应的汇率风险；相应的，如果由用户或政府承担该汇率风险，则应由政府来控制外币借款。当汇率风险由政府和企业共担时，例如韩国政府提供的担保仅保护企业免于部分外汇风险，则应由企业与政府联合决定外币借款的规模。这也是政府限制企业借入外币资金的方法之一。

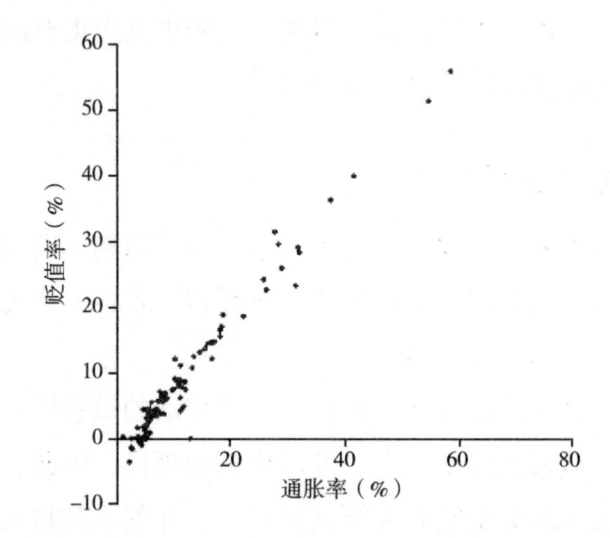

图 5.2　1976~2001 年 89 个国家年均通胀率和相对美元贬值情况
来源：Gray 和 Irwin 2003a。

5.1.4　启示

关于企业在融资方面所面临的汇率风险，有两点需要注意。第一，不应把企业承担汇率风险作为减少其期望收益的策略。正如反复强调的，风险的分配应区别于价值的分配。将企业暴露于汇率风险之中可能比将企业置于用户和政府的保护之下导致更高的期望价格。（此外，前面的讨论中没有任何内容建议更改已达成共识的汇率风险分配方式。）

第二，即便项目收费不与汇率挂钩，也需要根据其他因素进行调整，比如平均消费价格或其他当地商品和服务的加权平均价格。从长期看，汇率与当地价格水平高度相关（图5.2）。① 因此，对于长期的社会资本投资，其收费与汇率挂钩和与消费价格挂钩，最终可能不会相差太大。但从短期来看，消费者物价指数的变动会与汇率变动存在明显差异，所以收费与其中哪个挂钩就很重要。根据物价水平来调整项目产品或服务的价格，将不会大量增加外币借款，也不会在本地通胀率与汇率持平前，使用户遭受名义价格的大幅提升。

5.2 企业资不抵债风险

接下来讨论企业资不抵债风险及其分配。资不抵债风险即企业是否能够偿还债务的不可预知性导致的不可预知的价值变动。最关注此风险的利益相关者无疑是债权人。但是在社会资本基础设施项目中，企业的财务困境可能会导致受管制的价格非计划上涨和由纳税人负担的紧急救助，因此企业资不抵债风险对政府和用户同样重要。

企业资不抵债风险随企业价值的不确定性的增加和企业杠杆水平（企业债务占其总价值的比例）的提高而增加。在既定的企业价值不确定性水平下，财务杠杆的增加意味着企业资不抵债风险的增加。简单来说，可以认为当且仅当企业的资产价值低于未偿还债务时，企业发生债务违约。如果企业的资产价值高于未偿还债务，债权人可以实现其全部债权，反之则仅以企业资产价值为限实现其债权。

如图5.3所示的非线性收益曲线与期权的收益曲线十分相似。理论上讲，股权人持有一个以企业资产为标的物的看涨期权，其行权价格等于企业债务的名义价值。债权人则售出一个以资产为标的物的看跌期权，行权价格同样等于企业债务的名义价值。② 因此，可以采用期权定价技术为股权人和债权人在项目当中的利益进行估值（详见第八章企业资不抵债风险内容）。本节中，将讨论不同企业资不抵债风险水平下，价值在股权人

---

① 详见 Rogoff (1996)、A. Taylor 和 M. Taylor (2004) 关于汇率与当地物价关系的讨论。
② 详见 Hull (2003，第一章)。在债务为零风险的前提下，企业的价值等于看涨期权的价值减去看跌期权的价值。这一关系被称为期权定价理论当中的平价关系（详见 Hull 2003，第八章）。

和债权人之间分配的变动。

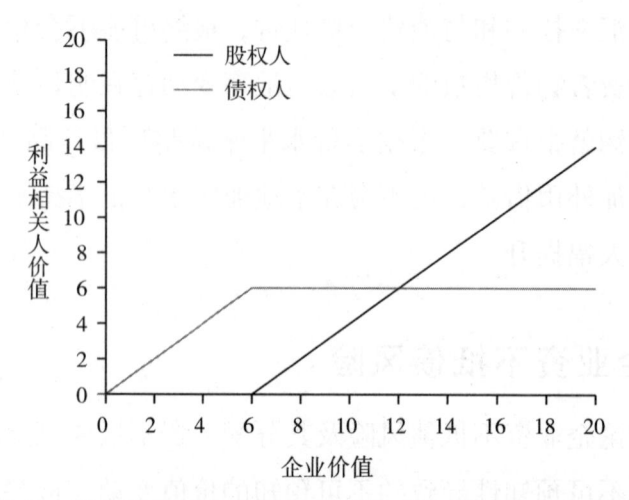

图 5.3　债券到期日企业价值与债权人和股权人收益的函数

来源：作者计算。

注释：本图假设企业必须在第六期期末偿还债务。根据合同性质，债权人在债务到期时可以获得的价值是 6。有限责任（此处假设债权人仅有的保障是企业资产）意味着股权人可以获得的最小价值是 0。

其他条件不变，企业资不抵债风险将减少债权人在项目中的利益。债权人在为借款定价时会将此考虑在内——显然，信用状况较差的借款人需要支付更多利息。但是当债权人决定提供借款后，企业资不抵债风险则会增加，原因在于企业资产价值的下降导致资产价值与债务价值之间的差距缩小。但企业资不抵债风险的增加也可能只是单纯的由于企业业务的风险性提高，而与企业价值变动无关。

5.2.1　企业资不抵债风险的显性与隐性分配

在大多数行业中，企业资不抵债风险仅影响债权人和股权人。债权人监控企业债务，估计违约可能性，确保其债权安全。为防止出现如图 5.4 所示的价值转移，债权人可能会限制企业的杠杆水平，并要求企业将业务风险控制在一定水平之下。一旦企业发生债务违约，债权人努力获得最大补偿，通常有权接管企业。但是其通常不能从纳税人和用户那里获得补偿。

在基础设施项目中，政府和用户可能会承担通常由债权人承担的企业

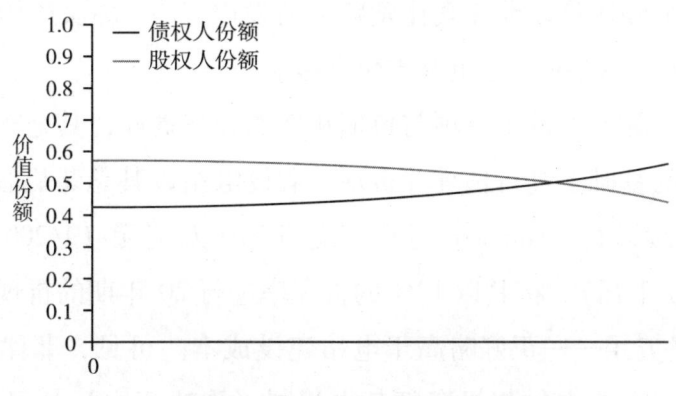

图 5.4　债权人和股权人在企业价值中的份额，企业在持有债务情况下的价值变动和价值守恒

来源：作者计算。

资不抵债风险。当企业不能偿还到期债务时，政府和用户可能会承担一部分通常由债权人承担的损失。有时，政府和用户支出的金额甚至将覆盖所有的损失，而债权人毫发无损。政府和用户通常通过两种方式来承担企业资不抵债风险：显性方式（法律上的）和隐性方式（实际上的）。

从第二章可以看到，政府有时通过为基础设施企业提供风险担保这一显性的方式承担了企业资不抵债风险。政府也可以通过为代表政府方的国有企业在与基础设施企业签订的长期采购合同中的义务提供担保，承担企业资不抵债风险。

发展中国家中最常见的长期采购合同是电力购买协议。[①] 以菲律宾为例，在20世纪80、90年代，其国有企业 Napocor 与社会资本签订了数十个电力购买协议。其中一份协议规定，韩国 Kepco 电力公司旗下的 Keilco 公司将以7.1亿美元的成本建设一座装机容量为1 200兆瓦的燃气电站；作为回报，Napocor 公司将在20年合作期内，根据实际投入发电的装机容量，按8美元/千瓦向 Keilco 进行支付，作为 Keilco 出资、运营和维护电

---

① Kerf 等人（1998，annex 2）描述了常见的电力采购合同。Albouy 和 Bousba（1998）、Babbar 和 Schuster（1998）、Gray 和 Schuster（1998）、Lovei（2000）对此类合同进行了概括和评论。在自来水和污水处理领域，相似的长期采购合同也很常见（详见 Haarmeyer 和 Mody 1998）。

厂的费用，另外还将以菲律宾比索购买所发电量。① 协议还约定，仅在电站能够发电时，Napocor 才负有支付义务。

此协议实际上安排了一项与负债相似的经济责任，其金额可以在假设电站可用性的基础上进行估计并折现。假设电站以其总装机容量 1 200 兆瓦的 80% 持续运行，Napocor 每月应支付 770 万美元（1 200 000 千瓦 × 0.8 × 8 美元/千瓦）。将其以 12% 的折现率进行 20 年期的折现后，得到现值为 7.25 亿美元——正好略高于电站建设成本。可见，菲律宾政府只是事先同意将向企业支付与投资额基本相同（取决于电厂的可用性）的资金，就获得了电力供应。

通过类似 Keilco 电厂的多个项目，菲律宾迅速提高了发电能力，摆脱了停电和电压不足的困扰，节省了大量成本。但在 20 世纪 90 年代末遭遇经济危机后，菲律宾电力需求低于预期，同时，以该国本币计量的成本却更高，而菲律宾电力监管机构仅允许部分额外成本转移给用户，最终 Napocor 资金链断裂，政府不得不接手其债务。

当国有企业代表政府签订基础设施项目的长期合同时，比如 Napocor 签订了多个合同，政府往往对其债务提供风险担保。合同与债务的相似度决定了风险担保与债务风险担保的相似度。有时，例如印度尼西亚，政府通过出具支持函或安慰函，为国有企业的债务提供一种不那么正式的、模糊的支持（世界银行 2004a，65，126，136）。

另外，当政府对债务给予有限担保时，在项目由于某些原因提前终止的情况下，相比股权，政府可能更重视债务，因而同意对债权人而非股权人进行补偿。

在金融危机中，有时政府即使并无相应义务，仍会帮助企业摆脱困境，这意味着政府承担隐性的债务违约风险。政府可能并未就保护债权人做出承诺，或者曾明确表示不提供救助，但企业破产所带来的后果可能在政治上难以接受。破产会引发争议并造成混乱，还会导致企业的供应合同

---

① 详见世界银行社会资本参与基础设施项目数据库和 Kepco2003 年报表 20 - F，网址为：http://ppi.worldbank.org/ 和 http://www.kepco.co.kr/respectively

作废，引起对企业获得关键投入能力的质疑并可能导致管理权的转移。这使得是否能够继续提供公共服务变得不确定。在如水、电等关键公共服务领域，即使仅仅存在供给中断的可能性，政府都会出面干预。

破产还可能被认为是政府失灵的表现。尤其是如果政府将企业出售不久后企业就破产，这会表示出售企业是一项错误决策，并导致不当的推测：出售企业的部分原因是政府规避持有企业股份或债权的风险。破产甚至可能被当作是预知政策的证据。但这非常少见。企业的失败看起来像是政策的失败。

因此，政府倾向于通过给予企业拨款、优惠贷款或为其低息借款提供风险担保等措施来避免破产风险，并可以要求回报，例如获得企业股权、要求企业在将来偿还贷款等。但政府救助的动机不太可能是完全市场化的——否则救助可能没有必要。通常，救助的动机是降低出现公共服务中断和政治困境等情况的可能性。

用户可能代替纳税人承担债务违约风险。首先，用户可能提供显性的债务风险担保：政府通过定价权，可以将偿债支出转移给用户——将价格定在足以保证企业偿还债务的水平。其次，用户可能提供隐性的债务风险担保：尽管没有任何规则要求调价，监管机构仍然可以通过涨价来防止债务违约。

以英国空中交通服务组织 NATS（National Air Traffic Service）为例，该组织于 2001 年完成私有化[①]，收入来源为向使用英国机场设施的飞机收取法规规定的固定费用。根据英国的相关规定，价格按照公式"零售价格指数 $-x$"每 5 年调整一次，这意味着每 5 年实际价格将逐渐下降。定价公式表明，除由零售价格通胀所造成的风险外，NATS 将会承担大部分商业风险。此外，NATS 的购买者用债务融资资金支付转让费。商业风险（源自价格设置公式）和财务风险（源自财务杠杆）的结合导致 NATS 易于受到冲击。

在 2001 年 9 月 11 日美国遭遇恐怖袭击后，英国空中交通量锐减。然

[①] 有关 NATS 私有化的更多内容，请见 Ehrhardt 和 Irwin（2004）及其参考文献。

而，由于价格公式规定还不能调价，NATS 收入滑坡。与其偿债义务相同，NATS 的大部分经营成本是固定的。因此，交通量的下降致使 NATS 面临严重问题。NATS 及其贷款银行向监管机构英国民航管理局报告了这一问题，以求涨价来补偿由于意外的需求减少而蒙受的损失。

监管方则陷入困境。一方面，如果拒绝这一请求，可能严重损害 NATS 的财务状况。当然那样做也不必定就会对英国空中交通管制带来问题，因为有一系列规则专门处理 NATS 破产情况下的平稳过渡问题。但是，这些规则并未经过实践检验，不能确保将会发生什么。拒绝提价请求并加快 NATS 破产可能引发航班混乱或更糟糕的后果，相关责任部门不愿意承担这样的责任。另一方面，同意该请求则如同在比赛中途改变规则。难道 NATS 不是自愿承担定价公式所带来风险的吗？难道不是 NATS 的借贷行为增加了风险吗？如果需求意外增加的话，难道 NATS 会主动要求降低价格吗？

最终，监管方同意涨价，NATS 避免了破产清算。可见，尽管没有相关协议，但是用户实际上承担了企业资不抵债风险，图 5.4 中所示的价值转出方由债权人变成了用户。

5.2.2 谁应承担企业资不抵债风险？

由政府或用户以隐性的、缺乏规划的方式承担风险并不可取。如果这样做，表明政府的实际政策与其法律法规、所订立的合同等相背离，也表明风险分配实际上还是模糊不清的。那么，政府和用户应当以显性的方式承担企业资不抵债风险吗？

企业资不抵债风险的来源是财务杠杆和不可预知的企业价值变动。尽管企业价值变动的原因很多，整体经济层面和具体项目层面均有，但杠杆水平是债务违约的关键因素，它属于具体项目层面。因此企业资不抵债风险属于具体项目层面的风险。尽管债务违约将导致项目价值减少（例如破产程序将导致交易成本），但绝大部分资不抵债风险仍然是可分配的。在企业破产时，关键的问题就是已减少的价值如何在用户、政府、债权人、股权人之间分配。这也表明企业资不抵债风险主要是具体项目层面的风险。根据表4.2，该风险应当被分配给最有能力影响风险因子的一方。

由于企业资不抵债风险还部分取决于企业价值风险，任何可以影响企业价值风险的一方同样可以影响资不抵债风险。企业价值风险的诱因很多，包括需求风险和企业固定成本的大小等。该风险还受到价格监管尤其是调价规则的影响，越是能够通过价格调整来补偿企业在成本和需求方面的变动，企业价值的稳定性就越高。

定价规则几乎总是要求企业承担部分风险，其合理性在于企业是最能影响、预期和应对部分风险因子的一方。但是，既然定价规则要求企业承担一些风险，企业及其债权人也可以通过选择杠杆水平来决定资不抵债风险的水平。如果定价规则的改变减少了企业所承担的风险，企业及其债权人可以增加杠杆，使资不抵债风险保持在原有水平。如果定价规则的改变增加了企业所承担的风险，那么企业可以通过减少杠杆来降低债务违约的可能性。可见，企业及其债权人对资不抵债风险影响力最强。

因此，根据风险分配原则，如果企业及其债权人决定杠杆水平，就应承担资不抵债风险。这表明政府不应为债务提供风险担保，同时定价规则也不应将风险分配给用户。① 或者，根据风险与权利相匹配的原则，如果政府和用户承担债务违约风险，就应当由政府控制企业的杠杆水平，这一问题将在本章后文讨论。

5.2.3 政府应如何避免隐性风险承担？

政府应避免提供隐性风险担保。而且，当隐性风险担保存在时，拒绝提供显性风险担保并不是一个好的选择。实际上，如果隐性风险担保确实存在，那么显性风险担保因其更高的透明度而更为适合。政府应该如何避

---

① 关于债务风险担保，还进一步发展出两个观点。第一，因为利率低于股权投资的必要回报率，毫无疑问债务融资比股权融资成本更低。又因为债务风险担保可以提高杠杆水平，那么其或许应该受到鼓励。从债务融资成本更低出发的观点，往往忽略债务风险担保的成本，并将财务杠杆与股权投资的必要回报率之间的关系简化。Modigliani 和 Miller（1958）证明，债务融资增加所省的成本，将被股权融资成本的上升所抵消，导致加权平均资本成本保持不变（详见 Brealey 和 Myers 2000，第十七章）。第二个观点认为，政府应当提供债务风险担保，使项目从推定的较低政府资本成本当中受益。这一观点同样过于简单化，详见本书第61页注释②。

免隐性风险担保呢？

第一步，政府可以声明不会对企业进行救助。这也明确了如果企业破产，并不意味着政府政策失败。尽管声明不是法律和政策，效力有限，但仍然有意义。在公开承诺允许企业破产后，政府会更易于承受各种要求救助企业的压力。① 政府如果明确了不会将破产视为政策失败，那么在反驳对立观点时将占据更有利的地位。

尽管声明不同于承诺，而且政府很难找到将不介入企业破产的方法，但有时政府可以利用国际协议。比如，英法两国坎特伯雷条约约定双方都不对海底隧道公司提供救助。②

允许企业破产的主要困境在于担心破产导致服务中断。所以，第二步是使破产过程更加平稳。在确保服务不会中断的前提下，政府应采取多种措施使企业所有权由股权人向债权人的转移更便捷，并且根据新债权人的需要任命新的企业管理层。

制定专门的基础设施企业破产规则也会有所帮助。该规则可以要求企业（可能还包括其债权人和关键供应商）在破产期间仍须确保持续提供服务，也可以允许破产后政府介入并管理企业。但是，此类专门规则并不意味着要禁止救助。③

5.2.4 限定政府必须承担的企业资不抵债风险：风险与权利的匹配

当政府怀疑自身是否能使破产过程足够平稳以在政治上可接受时，应当考虑限定由公共部门承担的企业资不抵债风险。方法之一是限制企业承

---

① Cialdini（1998）阐述了相关证据，证明了人们期望的一致性将导致公开声明会影响其之后的行为。

② 本例详见 Wall Street Journal April 8–12, 2004（European edition），p. M4 和欧洲隧道公司招股书中的股权赎回说明（http://www.eurotunnel.com）。

③ 详见 Ehrhardt 和 Irwin（2004）的例子。为了使政府和用户明白可以做到破产且不中断服务，让他们熟悉基础设施项目破产可能是所要做工作的一部分。美国似乎找到了允许基础设施企业（如安然公司和世通公司等）破产的方式（Ruster 1995）。而英国也同样有自己的措施，使私人融资行动（PFI）模式下各项目的社会资本方在没有政府干预的情况下渡过了金融危机。

担的商业风险，但其缺点是风险的分配将偏离仅考虑该风险自身时的最优分配，并且在任何情况下，这一方法都可能因为企业及其债权人通过提高杠杆水平使破产可能性重新变大而失效。

在债务风险无法完全避免时，唯一确定可以减少公共部门承担该风险的手段是限制企业的杠杆水平。政府可以采用多种措施来达到这一目的。最直接的办法是要求企业必须保证一定的股权规模，比如明确规定企业的股权必须占资产账面价值的百分比。墨西哥政府在承受救助私营收费公路带来的损失后规定，特许权获得者必须保证至少 20% 的股权。[1] 根据企业所承担的风险规模，政府也可以要求更高的股权比例。

有时，政府为取得类似效果，要求将项目纳入发起人（负责项目开发或占有项目大多数股份的企业或财团）的资产负债表，而不是以无追索权或有限追索权的项目融资为基础。如果发起人与项目的关系十分密切，破产的可能性就会下降。或者，政府还可以要求项目公司的母公司提供债务担保。

政府采取上述任何一种措施，都是对通常应由企业及其债权人做出的决策进行了干预。这些干预措施可能是有代价的：即使在没有隐性政府风险担保的情况下，干预也会阻碍企业采用最优资本结构。但由于公共部门承担企业的部分资不抵债风险这种情况并不常见，特事特办，政府的干预也就合乎情理了。[2]

5.3 政策风险

政策风险指不可预知的政府行为变化导致的难以预知的价值变动。最重要的政策风险与政府允许企业就其提供的服务收费有关。这一风险来源于政府是否改变价格管制规定的不可预知，以及政府以不可预知的

---

[1] 关于墨西哥的问题，详见 Ehrhardt 和 Irwin（2004），其引用了 Gómez-Ibáñez（1997）和 Ruster（1997）的观点。关于墨西哥新的政策要求，详见墨西哥政府交通运输部和国家公共工程与服务银行（2003，18），它是在政府提供风险担保的成本随杠杆水平上升背景下提出的。

[2] 此做法与政府设定银行的最低资本充足率原理相似：政府隐性或显性地承担银行资不抵债风险的一部分。

方式进行价格管制。如果价格不受管制,那么政策风险还来自于政府突然实施价格管制的可能性。政策风险的其他来源还有:预料之外的质量标准变化;设立或废除专卖权;无偿征用;增税或减少补贴;减税或增加补贴等。

5.3.1 政策风险在基础设施中的重要性

政策风险影响所有行业。举例来说,所有行业都关注税收,期望税负低且稳定。根据对发展中国家一般行业的调查,政策风险在投资的各种制约因素中实际上是最大的一个(世界银行2004b,5)。政策风险对基础设施行业尤其重要。[①]

首先,基础设施投资往往具有沉没属性(即不可撤销)。修建收费公路的企业,其最终建成的资产不能用于初始目的以外的其他用途。该公路也不能为其他地域提供交通服务,并且除了作为道路之外也难以在其所在地发挥其他用途。堤坝、水库、管网等水利设施同样只能在特定地区发挥供水功能。进一步扩大范围来看,投资燃气、电力和通信等行业面临着同样的问题:绝大多数此类投资的价值专属于其目前的用途。

这一问题可以通过实物期权模型进行分析。如果一个项目变得无利可图,其业主可以放弃该项目。在实物期权分析语境中,这就是指项目业主拥有一个放弃期权,而且有权将资产用于次优用途以实现资产价值。如果项目投资全部沉没,其业主就拥有一个行权价格为零的放弃期权,可以放弃项目但没有任何回报,即放弃期权的行为没有价值。

无论如何分析,沉没成本都使企业更易受到投资后才产生的变化的损害,包括需求减少、运营成本增加和政府政策改变等的损害。如果政府降低企业所提供服务的管制价格,企业很可能血本无归。但只要政府使价格能够覆盖企业的运营成本,企业就不会放弃这项投资。虽然此时企业已经损失了其初始投资,但持续经营比直接放弃更能减少损失。

[①] 案例详见 Gómez-Ibáñez(2003)、Levy 和 Spiller(1994)、Newbery(1999)、Smith(1997a)和世界银行(2004b)。

其次，基础设施企业处于高度管制之下并且在政治上有争议。除了受到税收、竞争政策、财务报告要求等的影响，基础设施企业需要遵守提供服务价格和质量方面的行业或企业层面的特别规定，还需要遵守提供服务数量方面的规定，有义务接通所有新用户或以一定的增长率增加用户。有时，基础设施企业不仅提供特定的服务，还需要根据要求增加特定的投资。

上述规定的部分原因是基础设施企业享有垄断地位或具备重要市场支配能力。这也是对其进行管制的原因。另一部分原因是基础设施服务常常具有政治上的重要性。电力、水和道路交通对所有用户和选民都十分重要，这些用户和选民会敦促政治家利用监管权力将价格压低。

这些都将基础设施企业置于困难境地。基础设施企业面临服务价格下降或其他不利规定出台等风险，同时由于其投资的沉没性质又特别易于受到这些风险的损害。

5.3.2 基础设施投资博弈

这一问题可以看作是企业与政府的博弈（图5.5）。企业在已知政府承诺不会征用（此处征用指无偿取得企业资产或限制其盈利）的情况下选择是否进行投资，但是不能确定政府是否会恪守承诺。如果企业决定是否进行投资在前，政府决定是否遵守承诺在后，那么项目总价值——即归属于企业和政府的价值之和——在企业决定投资时最大，但企业投资后，征用将使政府在项目中的利益最大化，所以政府有可能采取征用措施。正如 Machiavelli（1992，46）所说："当恪守承诺意味着自我牺牲，而发起誓言的原因业已消失时，一个谨慎的王子不能也不应追求一诺千金……也没有哪个王子曾为寻找用以遮掩背信弃义行为的似是而非的理由一筹莫展。"当意识到政府会通过征用来攫取收益，理性的企业会做出不投资的决策。相比于双方分享投资收益，即图5.5决策树中部的结果（1，1），企业和政府最终都将颗粒无收。

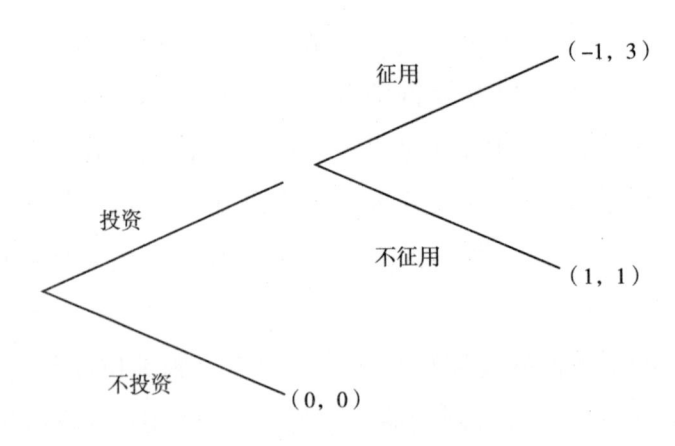

```
                                    征用
                                   ╱────────── (−1, 3)
                              ────
                          投资 ╲
                         ╱      ────────────── (1, 1)
                        ╱          不征用
                       ╱
                      ╲
                       ╲
                   不投资 ────────── (0, 0)
```

图 5.5　基础设施投资博弈

来源：作者论述。

注释：企业决策表现为决策树的第一级。第一级中的博弈决策情况在文中已有讨论。决策树的第二级代表的是政府决策。在第二级中，如果政府的决策是概率性的，那么与决策不同，该级决策树表现为征用的可能性为 ρ，不征用的可能性是 1 − ρ。在两种情况下，括号中的前一个数字都表示企业价值，后一个表示政府价值。该图假设无论政府是否征用项目，项目总价值为 2。

解决基础设施投资博弈问题[1]的方法之一是政府自己投资。因为政府不必按照商业规则行事，即使政府认为其在后期会通过降低价格的方式对自己的投资做出实质上的征用，政府仍可以进行投资。因此，基础设施投资能够在政策风险之下获取收益（案例详见 Flemming 和 Mayer 1997；Jenkinson 2003）。但政府必须放弃企业投资会带来的优势，比如更强烈的高效经营动机，以及对政府维持保本价格的更有力的规范。

基础设施投资决策并不像图 5.5 展示的那样简单抽象。有时企业会进行多个投资决策，政府则希望维护自身恪守承诺的声誉。政府还会因希望吸引其他投资者而特别关注声誉。在这些情况下，实际的博弈是多次往复的。

然而，图 5.5 足以反映出现实中博弈给吸引社会资本投资造成的困难。项目投资额越大且与未来投资的关联性越小，则政府不顾声誉获取短期效益的诱惑就越大。如果在任的政客们不重视政府的长期声誉，这种诱

---

[1]　基础设施投资博弈问题类似具体资产投资的"根本变换"问题（Williamson 1989）、跨国公司海外投资的议价能力衰减问题（Vernon 1971）和政治领域的时间非一致性问题（案例详见 Merton 和 Bodie 1992）。

惑将更难以抗拒。

另一种博弈是将政府决策作为一项风险因子，即概率性博弈。刚才讨论的确定性博弈不包括任何实际风险，基于企业可以断定政府将会违约的假设。现实中，企业并不知道政府是否会违约。企业决定是否投资，主要取决于对三方面的估计：一是投资在将来被政府征用的可能性，二是政府信守承诺时的投资价值，三是假定政府违约时的投资价值。

在概率性博弈中，政府如果希望引入企业投资，就必须向企业承诺足以补偿征用可能性的价格。① 征用可能性越大，承诺的价格就应越高——即项目总价值中企业所占的份额就要越大。具体应向企业分配多少价值，取决于企业对风险的态度。图5.6展示了企业期望价值最大化时和符合前景理论（详见第三章）时所要求的价值份额。

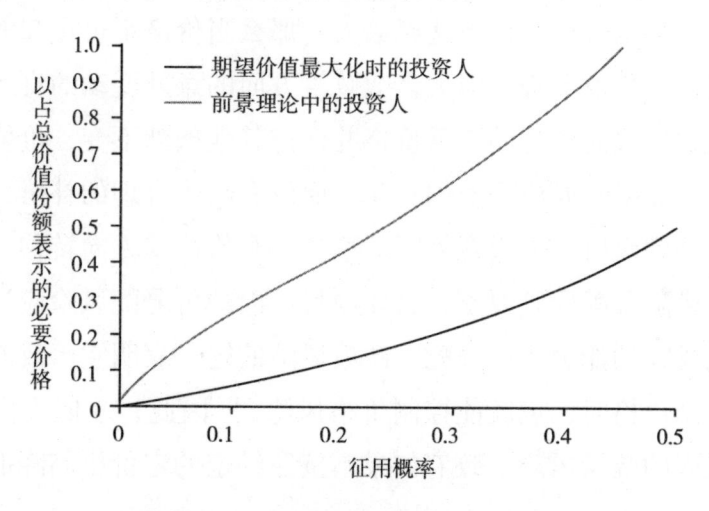

图 5.6 征用风险和投资的必要价格

来源：作者计算。

注释：本图显示，在两种不同企业行为理论下，以政府征用发生概率为自变量，以用企业价值份额计量的政府必须承诺给企业的价格水平为因变量（不考虑价格对征用概率的影响）的函数。

---

① 有观点认为，政策风险对必要价格的影响有时通过企业的资本成本表现出来：当政策风险高时，企业的资本成本也将处于高水平，因此价格必须高。但这一看法混淆了期望现金流的变化与现金流的风险的变化。即使企业的资本成本不受政策风险的影响，问题仍然存在（也许是因为资本成本由资本资产定价模型决定，政策风险则与市场回报不相关；详见第七章"风险敞口估值"）。

5.3.3 谁应承担政策风险？

谁应当承担基础设施项目的政策风险——企业、用户还是政府？基础设施投资博弈模型认为不应由企业承担，否则，企业或者会拒绝投资（在确定性博弈中），或者会以获得比必要价格高的价格为前提进行投资（在概率性博弈中）。这一分析结果符合第四章风险分配原则，即风险分配必须使项目总价值最大化。那么将该原则的其他方面，比如对风险的影响、预期、应对和吸收能力考虑进来后，是否会得出不同结论呢？

政策风险有时是具体项目层面的，例如对具体项目的价格管控；有时是整体经济层面的，例如竞争法、企业税务、财务报告要求等。无论是具体项目层面还是整体经济层面，政策风险都影响项目总价值。比如，如果项目总价值在特定价格条件下达到最大，那么当价格不可预知的偏离该特定值时，项目总价值下降。但大多数政策方面的意外变动的直接结果是价值再分配，如果政府意外的降低价格并保持其他条件不变，价值将从企业转移到用户，如果政府将企业国有化，而没有给予合理的补偿，那么价值将从企业转移到政府。如果意外降低税负，则价值反方向转移。

第四章风险分配原则要求，具体项目层面的可分配风险应当依据各方影响和控制风险的能力进行分配。政策风险的定义表明它由政府控制，例如当政府控制价格时，也就能控制价格风险。[①] 因此，一般应由政府承担具体项目层面的政策风险。政府如果不按照约定的定价机制降低价格，就应补偿企业。

风险分配原则还认为整体经济层面的风险不应简单根据各方影响和应对风险因子的能力进行分配。政府尽管能影响甚至完全控制某整体经济层面风险因子，但也不应为了具体项目而制定针对该风险因子的政策。这样看来，考虑到政府在合法再分配中的角色，对于某些政策风险来说，需要对政府承担整体经济层面政策风险时会产生的交易成本更加重视。

[①] 当价格由独立于政府并拥有课税和预算权力的当局设定并进行财务补偿，分析的结果会有所不同。如果监管方是独立的，政府不能控制其决策，因此由独立监管方决策的不确定性所带来的风险不是本书中定义的政策风险。

但是，还有处理会影响基础设施项目的整体经济层面政策风险的其他方法吗？当投资成为沉没成本时，企业面对整体经济层面政策风险的脆弱程度与面对具体项目层面政策风险的脆弱程度一样，因而保护企业免于整体经济层面政策风险损害的好处很大。此外，至少对整体经济层面的一些政策变化来说，无论对企业形成正向的还是逆向的补贴效果，其交易成本不会过高。对企业有直接影响的政策变化的效果，可以通过监管部门业已开发出的各类财务模型进行估计。

整体经济层面的税收也需要考虑。对特定的基础设施企业，政府可以同意将其税负固定在现有水平；或者政府可以要求企业承担税收变动风险，并允许企业将相应的成本迅速转移给用户。政府还可以同意自己承担歧视性税收变化风险，企业承担普遍性增税的成本和享受普遍性减税的收益。确定上述哪一种做法是最佳选项，需要对税收变化风险的规模、企业面对该风险的脆弱程度等进行具体情况具体分析。

5.3.4 如何分配政策风险？

政府对于政策风险往往是矛盾的，一方面同意自己承担一部分政策风险，另一方面又通过涨价来补偿企业因政策变化而产生的成本，从而将其余部分的政策风险分配给用户。但在任何情况下，政府都不应保护所有的企业免于政策风险。法院在审查政府决策方面也会是矛盾的，在一些情况下会保障企业权益，在另一些情况下则不然。

合同——在许多国家，基础设施企业在进行投资之前会与政府签订合同，规定企业的权利和义务，保护企业免受具体项目层面政策的大多数不利变化和整体经济层面政策的部分不利变化的影响。只要政府遵守合同，企业就能免于政策风险的损害。

合同一般会规定基础设施企业提供服务的定价机制，例如起始价格和按期调整价格的公式，或者诸如"价格将被设定为收入仅能够覆盖企业合理成本的水平"等更笼统的条款。这两种方式都不能消除企业的价格风险。再精确的条款都存在实际应用中的不确定性。举例来说，针对通货膨胀进行价格调整的规定中会明确如何衡量通胀水平，比如由国家统计机构发布的系列消费者价格通胀数据，但在该机构中断数据发布时应当如何处理？对于价格将定在能够覆盖企业合理成本的水平等笼统条款，则会容易产生不同解读，成本具体指什么？怎样才算合理？即使不存在实际应用中的不确定性，企业还面临着政府禁止实施这些条款的风险。但是，这些条款如果具备相当的合理性，且其设定的价格与经济和政治层面需要的价格并无显著差别，还是会减少企业面对的政策风险。

在某种程度上，政府要让稳定的政策得到持续，这样的条款才能起作用。在定价条款方面，政府要维持一个可预测的价格，或者更一般地说是考虑到某些风险因子结果的可预测的价格，比如可以通过已知的通胀情况来预测价格。由于世界变化不可预知，政府偏好变化也不可预知，因此绝对稳定的政策并不必然是最好的。如果企业成本的变化显著偏离于消费价格通胀水平的变化，依据消费通胀水平调整的价格可能大幅偏离最优价格。即便没有任何变动，政府也可能偏好更高或者更低的价格，比如政府希望通过降低价格来减少贫困人口的支出，或提高价格以反映服务的环境成本。

这是否意味着合同会过于死板呢？未必。在能够说服企业接受改变的前提下，政府可以改变合同条款。当然，除非企业认为更改合同有利，否则政府要保证企业能得到补偿。有时政府直接补偿企业。1993年，新加坡电信局授予 SingTel 某项服务的排他性销售权。当时，电信行业的竞争所带来的收益相比于今天可能是很小的，或者还没有被广泛认识到的，所以暂时性的垄断专营权十分常见。然而到1997年，新加坡政府希望终止垄断，并为此支付了约10亿美元。马来西亚政府签订了一项收费公路特许经营合同，合同中规定收费将逐步增加。而后，政府决定仅允许低于约定幅度的提价并因此补偿了企业（Mody 2002，378）。

有时政府将补偿责任转移给用户。当政策变化与价格并不相关时，可以通过涨价，让用户承担补偿责任。比如，当服务质量标准提高时，可以通过涨价补偿企业因此增加的成本。反之，当政策变化与价格直接相关时，也可以通过降低服务质量和减少服务数量的方式，让用户承担补偿责任。比如，减少企业接入新用户的义务。

有些政策变化会使企业受益。企业在不需要为此反过来补偿政府或用户的情况下，不会拒绝这种政策变化。但是，如果政府一开始采用的就是鼓励企业投资政策，那么随后对企业有利的政策变化可能比不利的政策变化要少见。另外，当政府想要改变的某项政策将会增加企业利润时，政府会希望从企业获得补偿。

无合同情况下的政策风险——在法国及与法国法律体系相似的国家（原法国殖民地和西班牙、葡萄牙等其它欧洲大陆国家及其原殖民地）中，签订合同是社会资本基础设施项目的标准做法。发展中国家同样如此，这些国家的政策风险往往较大，企业会坚持要签订合同。但并非所有的社会资本基础设施项目都有合同。可以用其他安排替代合同。比如在英国，私营燃气、电力、自来水和通信公司凭政府发放的许可证而非合同运营。

即使项目相关政策未通过合同约定，法律法规也已发展至能保护企业免于政策风险，至少在社会资本基础设施投资方面一直如此。在美国，公用事业价格由监管机构设定。由于公用事业相关规定早在19世纪和20世纪早期就由各州监管机构制定，后来法院经常要对监管机构改变价格和其他相关规定的权力进行调整。过去，适合企业承担的政策风险水平是一项法律争议，在19世纪，没有任何明确的措施保护企业免受不利监管决定的影响。[①] 然而，政策渐渐有所改变。1898年，美国最高法院判决，监管机构不得做出会阻止公用事业公司获得合理回报的政策改变。到目前为止，美国的公用事业公司尽管不订立合同，但是在政策风险方面得到了相当合理的保护。通常，对美国公用事业公司的补偿由用户而非政府承担。比如，在电力行业竞争日臻激烈的20世纪90年代，在垄断保护和监管指导下投资于高成本电站的企业通过用户缴纳的电力税，免于电价降低带来的损失。

José Gómez-Ibáñez（2003，117）等评论家认为，对美国公用事业的保护很大程度来自于1789年通过的宪法第五修正案相关内容：不经正当法律程序，任何人不得被剥夺生命、自由和财产。不给予公平赔偿，私有财产不得充作公用。宪法第十四修正案明确了该条款适用于各州政府和联

---

① 案例详见 Gómez-Ibáñez 对 Munn v. Illinois 的描述（2003，188）。

邦政府：任何一州都不得制定和实施限制合众国公民的特权或豁免权的法律；不经正当法律程序，不得剥夺任何人的生命、自由和财产；在州管辖范围内，也不得拒绝给予任何人以平等的法律保护。

加拿大与美国相反，其宪法中没有针对企业的保护条款，这也部分解释了为何大多数加拿大公用事业都是国有的，而美国的公用事业则是私有性质（Gómez-Ibáñez 2003）。

在英国，许多公用事业在20世纪早期被国有化后，又在80、90年代回归私有。支配公用事业的规定中的重要部分是由政府颁发的各式证照。这些证照涵盖定价规则，但不是合同。不过，英国法律中有降低政策风险的专门规定。除非由竞争委员会这一政府机构批准，否则没有企业的同意，监管机构不能改变价格。这两个机构都是英国政府的组成机关，但两者相互独立并都独立于政客们。此外，法律还要求监管机构确保公用事业企业能够为其经营活动融资，这有利于进一步降低政策风险。

英国私人融资行动（Private Finance Initiative）下的基础设施和公共服务采用合同方式，合同中包含定价及其他重要关注点。英国公用事业没有像PFI一样采用合同，相比而言，公用事业公司的政策风险可能更大。也有观点认为公用事业的政策风险极大。1997年，新上台的工党政府向私营公用事业征收暴利税，理由是过去企业从政府手中购买公用事业的价格过低，企业股东获取了超额利润。对许多评论家来说，这项税负看起来就像是基础设施投资博弈中的部分征用——在社会资本投资后，政府独断专行改变规则。[①] 如果英国政府降低了政策风险，也许可以获得更多投资，进而在既定价格水平提供更好的服务。

民法法系传统下的准合同——有时，政府在基础设施合同中设定的政策要服从于规范企业之间合同关系的法律。这种情况一般出现在有习惯法法系传统的国家，如英国及其原殖民地。在民法法系传统国家，情况则相反，发展出了民事合同和行政合同两个不同的分类。政府与企业之间的合同也可以是民事合同，但有一些合同——尤其是政府与企业之间签订的、

[①] 对此项税收的详细评论见 Gómez-Ibáñez（2003）和 Helm（2004）。

向公众提供服务的合同——被认为是行政合同，受专门的行政法律而不是一般的民事合同法律规范。①

在法国，与民事合同不同，行政合同的某些方面可以由政府单方面修改，比如政府可以强制要求更高的质量标准和阻止根据合同实施的涨价。同时，政府必须补偿企业——可以采用支付现金、允许提高价格、削减企业义务等方式。

此外，该补偿原则适用的范围不只是合同条款变动。一种被称为专制（fait du prince）的理论认为，合同外的重要政策变动，如果对特许权获得者产生了不利的、非对称的影响，政府就应当予以补偿。所以，即使在需要合同各方一致同意才能更改的传统合同中并没有设置相关条款，法国基础设施企业也可以免于许多政策风险的威胁。

过于保护企业免遭风险？——在一些长期由社会资本提供基础设施的国家，如法国和美国，企业免于许多政策风险的困扰。虽然政府并不总要在取得企业同意后才改变政策，但其必须保持企业大致不受损害。这些安排的持久性和法国、美国之外的各国实践的明显趋同现象都表明应提防剧烈变化。但是，根据第四章的风险分配原则，从保护投资者免于政策风险的规定也为其防范了其他风险的角度看，这一做法有错误的一面。

法国有一种被称为缺乏预见（imprévision）的理论，与前述专制理论相似，认为对企业的补偿应当针对某些主要的难以预计的商业环境变化。需求突然急剧萎缩就属于其中一种。此外，法国相关法律似乎一般会假设企业应当盈利：合同必须维持财务均衡。虽然法国对该法律的司法解释不清晰，但其能限制企业承担的商业风险和政策风险。在美国，服务成本（收益率）相关规定使受监管的企业免于政策风险的困扰，但也经常受到批评，被认为对企业的保护笼统而缺乏针对性，并因此降低企业削减成本的积极性。

5.3.5 政府要切实承担政策风险

即使政府同意承担政策风险，但要使企业相信这一点可能并不容易。

---

① 法国方面的案例，详见 du Marais（2004）和 Lachaume（2002）。

政府可以承诺保持政策的稳定并对不利于企业的变化进行补偿,但政府真的会恪守诺言吗?将承诺写入合同或许有所帮助,但政府会尊重合同吗?如果政府违约,企业能实现其权利吗?政府应认真考虑如何才能有效承担起其决定要承担的风险。

将政策写入合同可能对任何政府而言都有益于表明其恪守承诺的态度,除了对那些有其他被广泛接受的保护企业免于过大政策风险机制的政府。但是,为了确实有效,必须有一个独立且胜任的实体有权力对合同各方进行判决,使合同各方都能行使其权利。在许多发展中国家,法院并不具备这些特质。企业担心法院没有能力或不愿对政府进行处罚。因此,合同中常常规定由当地法院之外的实体,如独立专家和仲裁人解决争议。外国企业更愿意使用国际专家和国际仲裁——由独立于投资所在国的人员实施。政府通过签署双边投资协定或各种多边协议,如《解决投资争议纽约公约》和《解决投资争议华盛顿公约》(可参见 Smith 1997a),可以使国际仲裁更为有效。

还需要基于常规对此类合同进行解读和应用,甚至要在争议发生前进行这样的解读和应用。典型的合同争议解决方式是各方进行谈判,直到达成一致,共同做出决定。这一方法通常是有效的,但也易于陷入僵局。一方可以通过不答应来延迟合同变更,以此作为讨价还价的筹码。因此,需要其他解决方式,至少在谈判各方无法达成一致时作为备选项。

其中一种备选方式是由政府和企业共同选择一个或一组独立专家来做出裁决,同时保持诉诸法院或仲裁机构的可能性。[①] 另一个方式是由独立监管机构承担该职能((Gómez-Ibáñez 2003; Shugart 1988; Smith 1997b、1997c、1997d)。

实践中常用的解决方式没有一种能使人完全满意。尤其在发展中国家,往往难以建立起这样的机制,即能够保障胜任、公正的决策,并具备通过合同帮助企业防范政策风险的优势。发展中国家的监管机构也可能过于缺乏专长,裁量权过大,以及缺乏足以抵御政治压力的独立性,这些都

---

① 这是一项决策权分配的改变。更多此类方法详见 Bertolini (2004)。

会让政府更易于在基础设施投资博弈中征用企业的投资。

由独立专家和仲裁人做出的决定能够确保独立性,一旦被争议各方接受,则能够限制政策风险。但这种决定并不总是被用户接受。传统上,独立专家和仲裁人常用来解决商业合同纠纷,这通常需要保密,第三方无权旁听。而包含了定价规则和其他公共政策事宜的合同则颇为不同。例如,用户在价格决策当中拥有正当权利。虽然政府可以代表用户与社会资本进行谈判,用户及其代表还是希望参与讨论并发表意见。否则,其对谈判结果的信任程度可能有限。因此,由独立专家和仲裁人做出的决定会被认为不公平且缺乏正当性。

缺乏正当性转而会对企业显著减少政策风险造成阻碍。如果用户即选民认为关于价格或其他政策的决定是不正当的,可能会投诉、示威、故意欠费并最终迫使政府违背专家和仲裁人的决定。如果是这样,那么这种方法就弄巧成拙了。

由此可见,对投资人不被征用的保护强度和政府必须向投资人承诺的价格的关系取决于对保护措施公平性或正当性的认识和理解(图5.7)。

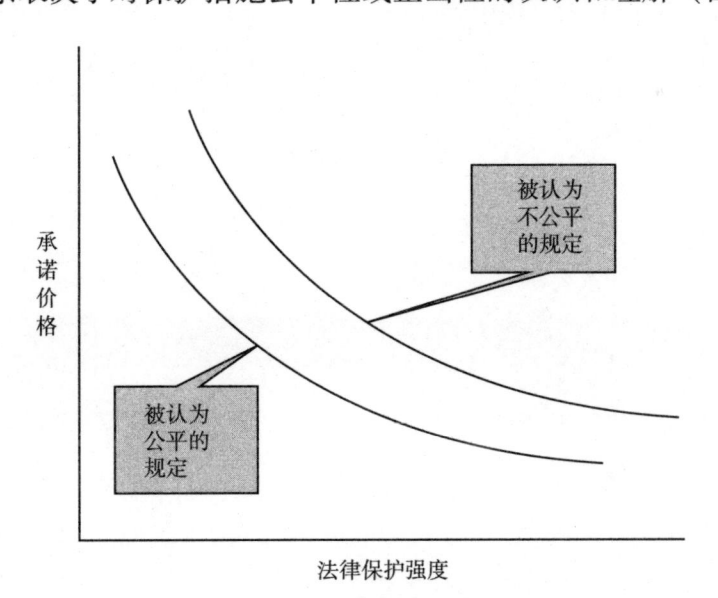

图5.7 正当性、法律保护和承诺价格

来源:世界银行2004b。

独立监管机构方式和独立专家与仲裁人决定方式可互相借鉴，取长补短。在尚未建立保护企业免于政策风险相关规范的国家，如果政策风险的防范主要由合同约定，采用独立监管机构方式可能更有效。也就是说，在这样的国家，通过借鉴独立专家和仲裁人方式的特点，使监管机构遵循的规定由企业和政府签订的合同设立，并且监管机构的权力源于该合同而不是企业无法控制的法律，监管机构方式将可能更有效。相对应地，如果独立专家和仲裁人方式采用了众多监管机构或法院采用的某些程序，其决定可以更有效，因为这样做的话，用户和第三方可能有机会参与提出意见，相关讨论可以公开进行，书面材料可以公开发布，相关决定背后的考量可以得到披露，等等。

6 规 则

政府可以运用上两章阐述的风险分配原则，尽可能针对具体项目作出更好的风险担保决策，但这仍会面临困难。为使决策更容易，政府就要尽量完善能够影响具体项目决策的规则，包括法律、规章、标准和指引等。

决策的质量部分取决于决策者（即获得法律授权进行决策的人或团体）的特征，也取决于各种决策环境，例如会计准则和成本效益分析为决策者提供哪些信息？决策者应当采用哪些指标？受到哪些激励？必须向谁咨询？必须向谁解释所作的决策？谁来监督决策落实的结果？在政府风险担保决策中，决策者在风险担保及其替代政策选项的成本效益方面掌握哪些信息？决策者在增加决策收益、减少决策成本方面有哪些动机？

基于这一框架，有两种提高决策水平的办法：一是将决策权授予更适合者；二是改善现有决策者的信息掌握程度和动机。可以认为，这两种办法的目的是确保决策者处于动机良好者和掌握信息者的交集中（如图6.1）。[1]

在实践中，改善信息和改善动机是相互联系、相互影响的。产生和公开信息的政策也可以改善决策者的动机。例如，如果决策者知道风险担保的成本会公之于众，那他们将风险担保作为变相补贴来运用的可能性就更小。[2]

---

[1] 尽管信息和激励至关重要，决策者的能力也同样不容忽视。也就是说，一些决策者在运用信息达到目标方面比其他决策者更优秀。决策者的注意力是一种稀缺资源，其分配同样也很重要（March 和 Shapira 1987）。

[2] 实例可参见 Scott（2001）的研究。

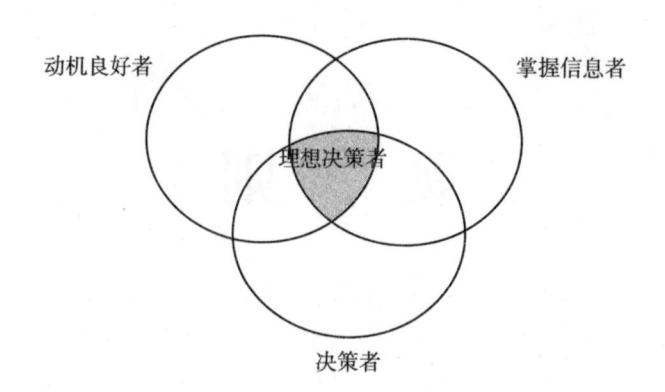

图中标注：动机良好者、掌握信息者、理想决策者、决策者

图 6.1 决策者、动机和信息

资料来源：Irwin 2003。

本章论述提高政府决策者的信息掌握程度和激励敏感程度的几种方法：

1. 由重视未来成本的政府官员提供建议和进行决策；
2. 收取风险担保费；
3. 制定风险担保须满足的标准，并进行分析；
4. 利用市场对风险担保进行估值；
5. 按照现代会计准则进行报告；
6. 披露额外信息；
7. 为风险担保安排预算。

其中一些方法并不仅限于基础设施项目中的政府风险担保，而是和许多政府决策相关。因此，在选择哪种方法时，除了考虑其对基础设施项目政府风险担保的影响之外，需要关注更多方面因素。[①]

6.1 由重视未来成本者进行决策

如果决策者及其顾问有强烈意愿将决策的成本和收益内在化并且尽可

[①] 本章参考了关于政府管理其承担的总体风险的相关研究，包括 Brixi 和 Mody（2002）、Petrie（2002）、Schick（2002a，2002b），以及其他论文，如 Brixi 和 Schick（2002）、IMF（2001a）、Merton 和 Bodie（1992）、Sniderman（1993）、Towe（1993）等。本章还参考了集中针对社会资本基础设施的类似研究，包括 Hemming 和国际货币基金组织的团队（2006）、Irwin（2003）、Irwin 等（1997）、Mody 和 Patro（1996）等。

能去实现,就更能做出好的决策。例如,即便成本可能已多年没有减少或从未减少过,一个对激励敏感的决策者将会把减少决策成本和增加决策收益放在同等重要的位置进行考量。

相比减少基础设施项目未来支出,负责基础设施建设的官员们往往更关注项目收益。他们十分了解项目收益,因为如果项目顺利进行,他们名利双收。而成本是由未来纳税人承担的,因此他们并不在意。在这种情况下,政府就会面临"公地悲剧":成本由公众承担,收益却落入私人腰包。

与此相反,财政官员、首相、总统等担负着更大责任的官员会关注成本的最小化。因此,基于成本考虑,要确保财政部门或立场相同的其他部门对政府风险担保有否决权,最好的办法是确保由类似于内阁、部长理事会或立法机关的机构进行集体决策。例如,立法机关对风险担保的总成本设置一个上限,如果其超出上限,则需要报财政部批准;如果大幅超出上限,则需要报内阁批准。

确保风险担保的成本与收益并重的一种方法就是将其纳入预算。如果政府总支出一定,将风险担保的成本纳入预算就必然要减少其他项目支出,风险担保的成本就变成被裁撤项目原本可以获得的收益。如果风险担保的成本在预算中得以真实体现,那么就不需要部长理事会或内阁去做风险担保决策了(详见后文"为政府风险担保安排预算")。

好的决策同样需要好的建议。政府当然可以从顾问、学者、投资银行、智库和其他外部专家那里得到建议(后文讨论了借助于这些专家的几种方式),但同样也需要不断提高自身能力。最好的方法是至少获取两家机构的建议。财政部门最适合就政府风险担保的成本和风险向决策者提出建议。只有财政部门才能从整体资产和负债的角度关注风险担保对政府可能承担的总体风险的影响。财政部门中的债务管理机构则拥有对风险担保进行估值、对外部专家风险担保的估值进行审核并采用的专业能力。[1]基础设施相关部门对风险担保带来的收益更了解,政府同样也需要这方面

---

[1] 在土耳其与购电协议相关的债务管理中,以及在瑞典与公用事业债务政府风险担保相关的债务管理中,两国各自的债务管理机构都发挥了重要作用。

的建议。政府也可能从一家精通基础设施政策但不具体实施项目的机构所提的建议中获益,因为这样的机构与财政部门相比,在具体行业领域更专业,而与具体实施项目的部门相比又更具批判性。

广开言路、百家争鸣有助于政府纵观全局。顾问之间意见一致固然很好,但分歧和争论同样对政府有益,能确保政府避免如第三章所述的个体理性和群体理性的问题。

6.2 收费

通过综合考虑成本收益来改善动机的第二种方法是向政府风险担保的受益者收费。收取的费用可以等于风险担保的预估价值加上额外的政府管理成本。风险担保的受益者包括企业及其债权人和投资人,以及推进该项目的政府部门。当风险担保的受益者面临收费时,一定会比较需缴纳的费用与从风险担保获得的收益,以决定是否值得获取风险担保。因此,收费可以降低政府提供对受益者价值较低但对政府却成本高昂的风险担保的几率。

收费还能引导政府关注风险担保的两个积极意义:风险补贴和风险再分配。对补贴进行收费当然是自我矛盾的,但如果政府的目的就是补贴企业,那原本就不需要采用风险担保方式。如果政府的目的不是补贴,而是为了保护企业免遭风险,那收费就可能是合理的。[①]

收费不一定会影响企业的盈利。如果政府在项目采购邀请阶段提出以固定价格提供风险担保,投标人会将担保的成本收益体现在报价中。因此,中标企业的预期利润与收费无关,即使该企业为了获得风险担保而交了费。政府风险担保会改变用户、纳税人作为整体和企业之间的价值分配,但不会改变用户和纳税人之间的价值分配。在这种情况下,收费的主要意义在于,在企业估计的风险担保价值低于政府收费时,就无需政府提

---

① 也可参见 Merton and Bodie(1992)对管理政府为债务提供风险担保的几项技术的讨论:监测担保资产的价值,在担保资产价值低于风险担保可能实现点时确定并清算其价值;要求企业增加其股权和准股权;限制企业投资以确保更好的资产负债结构;对风险溢价进行收费等。

供风险担保。

收费的方法之一是在风险上行时政府分享收益，以弥补风险下行时政府的风险担保成本。如果政府为项目收益提供风险担保，就可以要求在收益达到一定程度时分享超额部分。如果政府提供汇率风险担保，保护企业免遭货币贬值损失，就可以要求企业提供对等反担保，使政府可以从货币升值中获益。这种做法会限制企业在经济形势良好情况下的盈利，但如果企业盈利情况属于公开信息，则对企业实际上是一件好事。这种间接收费的做法比直接收费更复杂，需要准确评估收益分享机制的成本和政府风险担保的成本。

采用现金方式收费会加剧一个问题。对政府来说，这种方式意味着不仅风险担保的成本不清晰，难以纳入决策，而且带来看得见的现金收入。如果政府预算只考虑当期的现金收支，那么看起来收费总是能够获益，即使在其实并非如此的情况下。所以，政府在决定是否提供收费的风险担保时，更需要做好相关会计核算和预算安排。

6.3 制定标准并要求分析评估

政府制定风险担保标准，要求任何项目想要获得风险担保都必须首先满足标准，大有裨益。

风险担保的申请者要提供完整的成本收益分析，其中成本分析和收益分析都需要量化，说明该项担保将带来净收益还是净成本。担保成本可以运用第七、八章的技术方法进行估值，担保收益则可以用其它技术方法量化。当然，决策者可能会批准那些成本超过收益的风险担保，也可能会驳回那些收益超过成本的风险担保，但总而言之，这种分析能够为决策者提供参考。

然而，量化风险担保的收益可能极为困难。因此也可以只要求量化其成本，并由决策者通过经验估计收益是否和成本合理对应。

当然，量化分析并不是"万能药"。量化分析采用的不少判断依据可能在理性和具备胜任能力的顾问眼中不可取。在怎样的潜在风险因子模型才正确、关键参数估值（例如风险因子波动性，见第七、八章）应该在什么水平等问题上,分析人员之间也会产生分歧。因此,量化分析可能会变成根据想要的结果设计分析过程,当估算出的成本过高时,可以通过调整模型、降低波动性估值等手段得到想要的结果。

例如,澳大利亚和英国均采用物有所值分析作为决策是否引入社会资本提供公共服务的参考。物有所值分析假设项目是既定的,然后将社会资本提供公共服务的成本和公共部门比较值(Public Sector Comparator)进行比较。其中,要测算政府承担风险[①]的预期成本,因而需要对风险的各种可能结果发生的概率进行判断。然而,一直有争议的是,到底是物有所值分析结论决定了要不要引入社会资本,还是要不要引入社会资本决定了物有所值分析结论。

尽管存在问题,但是制定标准并进行分析有助于引导决策者和顾问关注政府风险担保的依据和成本。[②] 分析人员的能力终究有限,如果其提出的建议存在争议,其他人可以提出异议并自行分析。

一些国家还制定了定性标准和指南。例如,英国、南非和澳大利亚维多利亚州制定了大量指南[③],指导基础设施项目向社会资本融资时如何分配风险。加拿大针对债务风险担保专门制定政策,强调"主办部门必须对项目进行分析,论述项目没有政府支持确实无法融资,项目现金流足以偿还债务本息和运营支出,并取得满意的收益率"(Schick 2002a,93)。

哥伦比亚通过出台指南,以及要求在决定提供风险担保前对风险进行量化,来协同改善政府的风险担保决策。20世纪90年代,哥伦比亚政府为收费公路和一座机场的收入提供风险担保,同时也为国有电力公司与独

[①] 参见英国财政部(2003)、澳大利亚维多利亚州政府(2001)有关文件。维多利亚州政府解释了其推荐的计算风险承担成本的方法。该方法不包含第七章所讨论的风险溢价,它只是按照固定贴现率将预期现金流进行贴现。

[②] 除了实际的考虑,关于开展成本效益分析的合适方法也存在理论问题。例如,Adler 和 Posner(2001)的讨论。但正如 Posner(2001)和 Sunstein(2001)认为,即使在部分基本理论并未获得广泛认同,甚至是在分析不是特别准确的情况下,成本效益分析仍然是有用的。Sunstein(2001)认为,其主要价值可能不在于准确评估出政策净价值,而是阻止有缺陷的凭直觉作出的决策(参见第三章中的"认知障碍")。

[③] 参见英国财政部(2004)、南非国家财政部(2004)、澳大利亚维多利亚州政府(2001)发布的相关文件。

立发电厂订立的长期购电协议中的购电支出提供风险担保。哥伦比亚国有电信公司也为其社会资本合作伙伴的回报提供风险担保。尽管上述担保鼓励了大量有益的投资,但低于预期的实际需求及其他问题使得政府不得不兑现担保,到2005年总共支付了20亿美元。[①] 痛定思痛,哥伦比亚政府决心提高风险担保决策水平,加强未偿债务监管。

哥伦比亚政府开展了针对电力、收费公路和电信行业政府风险担保相关负债的研究,在此基础上制定了新指南,明确了公共部门在不同基础设施行业应承担的风险。例如,在交通领域,企业一般应承担建设、运营和维护方面的风险,以及与需求、汇率、使用者付费、可用性、融资条款等相关的风险;政府一般应承担与土地征用成本和及时性相关的风险,在成本信息缺乏时也可能承担部分建设成本风险(例如隧道项目),以及部分需求和汇率风险。值得注意的是,在特许权获得者面临需求或汇率上的巨大变动时,政府可为其提供"流动性支持"以偿付债务。尽管一般认为企业应承担法律和政策风险,但在价格和补贴政策变化时,政府也可能愿意补偿企业。负责规划的部门审查风险分配方案是否符合政府指南的要求。[②] 哥伦比亚政府还要求打算提供风险担保的公共机构在招标或直接签订合同之前,必须采用财政部已批准的技术手段评估相应的风险。

另一种做法是,规定只有满足以下标准,政府才能为社会资本融资项目提供风险担保:

- 该风险担保符合法律规定;
- 拟获得风险担保的项目的规划审批过程合规,实施企业经公平竞争选出;
- 政府采取措施限制风险担保的成本及风险,并在合适的情况下收费;
- 该风险担保不违反任何预算要求;

[①] 关于早期政府风险担保和相关问题参见 Echeverry 等(2002)、IMF(2005,28)、Christopher Lewis 和 Mody(1997)的相关文章。

[②] 参见哥伦比亚政府国家规划部(2001a 和 2001b)发布的相关文件,其贯彻了2001年423号法令,这一法令对1998年的448号法律进行了具体化。

- 与包括其它补贴形式在内的政府直接投资于项目相比,提供风险担保确实能为国家带来更高的净收益;
- 包括风险担保的目标、合同及其可能的财政影响等信息都公开透明。

2006年,印度尼西亚政府制定了与这些类似但相对简单的标准,主要关注合法性、工程质量、财政成本及风险、透明度等。

6.4 利用市场对政府风险担保进行估值

政府有时会利用市场对风险担保进行估值。方法之一是向银行、保险公司、再保险公司或其他金融机构出售风险担保(Schick 2002a)。政府得到的价格基本上相当于市场对该担保价值的评估价。当然,只有当担保所对应的风险和那些已经被交易过或者被广泛了解的风险相似时,这种做法才会奏效。否则,除了政府对担保的估值信息外,买方还会要求政府提供更多信息。此外还存在其他难题,例如,缺乏关于风险因子的可靠公共信息,政府出售担保可能被看作风险成本高昂的证据等。[①] 更一般地说,政府试图出售担保相当于又返回到分配风险时的市场失灵:如果当时企业愿意承担风险,那么现在政府就不会提供着风险担保。

但是,这些问题不应使政府停止探索风险出售。通过数年持续充分披露风险信息,政府可以让潜在购买者相信信息隐瞒不存在。而且,政府可能并不将风险担保作为对市场失灵的一种合理回应,而是作为一种变相补贴,在这种情况下,金融市场会允许政府将承担的风险转变成直接补贴。相比于在政府刚刚承诺风险担保时金融市场愿意承担的风险,此时金融市场可能愿意承担更多风险。而且,政府只需要出售其所承担风险的一小部分,就能获得估值信息。可以想象,即使金融市场不愿意承担所有风险,也会承担一部分。

关于政府出售所承担风险的部分或全部并掌握剩下部分的市场价值,

[①] 此时,市场就产生了"柠檬问题"(Akerlof 1970),潜在购买者对风险的报价不反映他们如果能获得更多信息时的报价。

Daniel Cohen（2002）提出了另一种办法。假设政府计划承担某些风险，并设立有限责任基金来支付风险担保兑现时所需资金。有限责任意味着担保具有基金的良好信誉，而不是政府的。在所有债务偿还之后，政府可以卖出在基金中所占股份的部分或全部，股东在该期收到基金盈余。然后政府可以根据股份交易价格推断出担保的估值。或者，如果政府已经以自己的名义作出风险担保，因此不能将责任限于基金规模的范围内，那么政府可以在担保需要兑现时，首先出售其在基金中占有的份额用于支付。这一方法存在与其他出售风险的方法同样的问题，比如，是否可行？政府能否实现合理交易？但正如其他方法一样，这一方法也需要探索。

最后，政府可以建立一个由个人对风险担保是否将会兑现进行投机的平行市场，以此借助内部人员或外部人员评估政府承担的风险。例如，政府官员可能被秘密要求对担保结果下注。下面考虑政府在一项涨价协议中做出的一个政策风险担保。假设政府想要对其是否会在一年后拒绝按合同涨价并被要求兑现风险担保进行评估。现在设想在平行市场上签订这样一个合同，即政府兑现政策风险担保时每支付1万美元，则个人需要为此支付1美元。这样的市场将存在争议，但合同的价格对担保的成本给出了一种估值。[①]

6.5　采用现代会计准则进行报告

传统会计准则是政府风险承担存在问题的原因之一，因为它忽视风险的成本。改善会计准则有助于解决这些问题。政府通常都承担着减少债务和赤字的压力，这一压力可能来自自身，也可能来自于国外债权人。更准确的说，政府有压力去减少显示在财务报告上的债务和赤字。政府和国外债权人采用的财务报告准则决定应该报告什么内容。

关键在于，报告准则决定了是否将政府风险担保的成本体现在政府报告的债务和赤字中。在大多数政府还在采用的收付实现制会计制度下，风险担保并不影响当年报告的赤字或者债务，只有在需要兑现风险担保时才

---

① Surowiecki（2004）描述了这些市场的作用。

产生债务。

财务报告准则同样决定着政府是否要将长期采购合同中所承担的义务作为财务上的负债进行报告。例如，国有公用事业所采用的准则决定是否将购电协议视为类似债务的义务。国有公用事业、商业企业和大多数政府都倾向于遵从先进的财务报告准则。一些准则，例如菲律宾国家电力公司采用的准则，要求将购电协议中所承担的义务视作财务上的负债进行报告，而权利则视作租赁资产。[①] 同样的，澳大利亚新南威尔士州总审计长认为与社会资本投资的污水处理厂相关的资产和负债可能也属于政府采购的资产负债表。其他并不要求这样报告的准则可能掩盖了公用事业的真实负债。最后，在政府合并包括国有公用事业在内的下属单位的账务方面，政府采用的合并准则决定是否要将长期采购协议中产生的国有公用事业的资产和负债计为政府的资产和负债。

准则通过决定公共投资如何影响政府报告的赤字，间接影响到政府承担社会资本投资项目相关风险的压力。传统收付实现制准则报告用于购买或是产生资产的现金支出，而不报告资产的价值。因此如果政府在一个新发电站上一年花费1亿美元，那么赤字就会增加1亿美元，即使政府的净值（资产的价值减去负债的价值）可能不变[②]；反而是，当政府为不在账务合并范围内的国有公用事业（已将长期购电义务从报告的债务中排除出去）签订的购电协议提供风险担保时，在收付实现制报告中政府没有任何支出。

财务报告准则也和信息披露有关，因为准则具有法律效力。如果信息必须以特定的形式报告，准则将使政府很难找到合适的理由对成本的估值保密。周期性财务报告的信息发布并不取决于政府特别决定要披露信息，也不取决于警惕性高的公众基于信息自由法律法规所提出的要求，而是因为这种信息发布是定期的和日常的。这一点非常重要。

而且，会计准则一般伴随着核证程序。财务报告必须经过独立主体的

---

① 参见菲律宾国家电力公司截至 2002 年 11 月 31 日的年度报告，网址：http://www.napocor.gov.ph/。

② 关于这一问题的讨论，参见 Easterly 和 Servén（2003）的研究。

审计,在政府中,是指公共或最高审计机构。然而,审计并不能保证准确。会计丑闻反复被揭露。一些政府发布的会计账目得不到审计认可,但这些政府并不觉得多难堪,也不会去改善会计账目。审计有它的局限性,但比不审计要好。

6.5.1 采用更好的会计准则

澳大利亚、加拿大、英国、新西兰和美国等许多工业化国家的政府已经采用了新的会计准则。智利、印度尼西亚、菲律宾和南非等发展中国家政府也准备采用。新的政府会计准则和那些适用于企业的会计准则比较相似。新准则要求用现金流量表报告现金流情况,这和传统政府会计一样。但新准则要求在损益表中报告很多非现金成本和收入,还要求在资产负债表中报告政府的资产和负债,即存量和流量都予以报告。因此,新准则包含并超越了传统的政府收付实现制会计。正如大家所见,新准则并非完美,但比只要求报告现金收付的会计准则更好。

采用已有的准则比从头开始设计新准则更容易。从以往各国政府完善会计的实践看,往往也是把新准则建立在已有国内或国际准则之上。这些已有准则常被称为 GAAP。GAAP 在美国是指普遍接受的会计原则(generally accepted accounting principles),在英国是指普遍接受的会计实践(generally accepted accounting practices)。

大部分国内 GAAP 必然要被国际准则取代。国际会计准则理事会已经制订了一系列会计准则(现在称为国际财务报告准则,International Financial Reporting Standards),供各类机构采用。许多国家的会计准则主管部门已经决定用这些国际准则大量取代原来实施的国内准则。尤其欧盟已经决定,在其管辖内的上市公司必须采用国际准则。美国是唯一不采用国际准则的主要国家,美国会计准则主管部门和国际会计准则理事会正在协作,以缩小两套准则的差距。目前,致力于改革的政府其会计实践受国内 GAAP 的影响很大,将来其会计实践受国际财务报告准则的影响也会很大。

与国际财务报告准则相似且专门用于政府会计的准则也已制订出来。

国际公共部门会计准则委员会在国际财务报告准则基础上，制订了与政府特点相适应的国际公共部门会计准则。国际货币基金组织则发布了用于政府财政统计的权责发生制会计准则。[①]

国际公共部门会计准则、国际财务报告准则以及类似准则都是"活的"，一直在修订和完善，所以即便存在缺陷，采用这些准则也能不断改进。相比之下，如果某个政府采用的准则是其自己在追求更好财务报告的短暂热情中制订的，那么当此种热情消退后，此类准则会越来越过时。政府采用不受其操控的外部准则，还会减少行政干预，增加政府财务报告的可信度。政府如果自己制订准则，很可能会随意修改，变成导致财政赤字的准则，但是，国际组织或国内独立机构制订的准则就不会被轻易更改。还有一种情况是，政府本来采用的就是国内外独立机构制订的准则，但突然表示要放弃这样的准则，尽管这种情况可以发生，却会因此引起各界的注意，届时其隐瞒财政问题的意图必然欲盖弥彰，无法实现。

6.5.2 何时确认政府风险担保和长期采购合同？

目前没有哪一套财务报告准则能用于处理政府承担风险的所有做法。现代准则要求记录资产，记录负债而非债务，而且绝不能忽视不会立即发生现金支出的成本，但是并不总是要求确认政府风险担保和其他承诺。

需要讨论一下具体准则。美国的 GAAP 是最完善、最综合的可行准则之一，并且在控制政府风险担保和其他承诺的成本和风险方面或许也是最有效的。但是，国际财务报告准则与美国 GAAP 很相似，而且受众更广泛。两者也都是国际公共部门会计准则的基础。然而，在处理政府风险担保类债务方面，国际公共部门会计准则迄今为止无法像国际财务报告准则那样注重细节，因此，当国际公共部门会计准则"哑火"时，可以使用国际财务报告准则。所以我们重点关注国际财务报告准则。同时要注意，将该准则运用于本书讨论的政府风险担保具有复杂性，涉及几个特定的其

---

① 严格来说，国际货币基金组织的标准是针对统计而非财务报告的。统计报告虽然不经审计，但能包括类似于财务报告的信息。

他准则。①

按照国际会计准则第 37 号"准备、或有负债和或有资产",政府的一些风险担保就是或有负债。该准则对或有负债作了复杂的定义,指以下二者之一:

(1) 因过去事项而产生的潜在义务,其存在仅通过不完全由企业控制的一个或数个不确定未来事项的发生或不发生予以证实;

(2) 因过去事项而产生、但因下列原因而未予确认的现时义务:①结算该义务不是很可能要求含经济利益的资源流出企业;②该义务的金额不可以足够可靠地计量。

或有负债的定义已经明确其是不会在会计上被确认的。也就是说,发生或有负债并不会增加政府债务或应计赤字。因此,如果一项政府风险担保产生或有负债,那么该项担保就不会在会计上被确认。

尽管在或有负债相关资料里经常出现政府风险担保,但国际财务报告准则认为政府风险担保不需要计为或有负债,因为可以将其归入另两个类别:衍生工具和保险合同。(事实上,国际会计准则理事会已经建议取消"或有负债"这一说法。)

国际会计准则第 39 号"金融工具:确认和计量"对衍生工具的定义是:

在本准则范围内,金融工具或其它合同……必须同时具备以下三个特征:

(1) 其价值随特定利率、证券价格、商品价格、汇率、价格或利率指数、信用等级或信用指数、或类似变量的变动而变动;

(2) 不要求初始净投资,或与对市场条件变动具有类似反应的其他类型合同相比,要求较少的净投资;

(3) 在未来日期结算。

根据国际会计准则第 39 号,汇率风险担保和利率风险担保可以属于

---

① 也可参见国际会计准则第 21 号关于政府捐赠的内容,其中给出的例子表明包括风险担保在内的政府各种援助的价值不能被合理估计,相当悲观(国际会计准则理事会,2004,1019,35 段)。

衍生工具。采用国际财务报告准则的政府则一般应当在赤字和资产负债表中确认汇率和利率风险担保的成本。

相比之下，针对企业或项目层面风险的政府风险担保可以视作保险合同。保险合同不属于国际会计准则第39号，而属于国际财务报告准则第4号"保险合同"。国际会计准则理事会2004年给出的保险合同定义是：当一方（承保人）接受另一方（投保人）的显著保险风险转移，而同意于某未来不确定事件（保险事件）发生而对投保人产生不利影响时给予补偿的合同。其中，承保人和投保人是广义的，不仅仅指保险公司及其客户。政府可以是承保人，社会资本基础设施公司可以是投保人。承保风险意味着承担"非金融"风险。"非金融"是指其风险估值不会受到前述衍生工具定义中第一个特征所列因素的影响。根据国际会计准则第39号，政府针对建设成本价格指数上升而向企业提供的风险担保可以视作衍生工具。而政府为企业具体建设成本变化提供的风险担保则可以视作保险合同。政府针对流量、收入、债务提供的风险担保也可以视作保险合同。债务风险担保就是国际财务报告准则中的财务风险担保。

国际财务报告准则第4号是临时性的，将在更加全面的保险合同准则发布后停用。它比较宽松，允许企业保留对保险合同的原有处理做法。但是，它允许以公允价值确认保险合同。国际会计准则理事会将来发布的新保险准则中，会要求采用公允价值法（国际会计准则理事会2004，377）。

目前的国际财务报告准则对一些风险担保要求按公允价值入账，对另一些则不要求。这样做复杂且不能完全令人满意。国际会计准则理事会似乎希望以后的准则在任何现实可行的情况下都将风险担保等合同义务以公允价值进行确认，这种趋势是正确的。

另外，还不十分清楚国际财务报告准则对购电协议和典型PPP等长期采购合同能否很好地进行会计处理。这些准则一般会要求对签订了此类合同的国有公用事业的报表进行合并；有时会根据具体情况，将此类合同视作金融租赁。金融租赁等于是用从名义出租人借来的钱购买资产（按照经济学观点，名义出租人是提供资金的卖方）。如果被视作金融租赁，此类合同就会在公用事业的资产负债表，并因此在政府资产负债表中形成资产和负债。但是，此类合同也会被认为是必须执行的，合同各方都必须全面履行义务，这样就不需要确认资产和负债。[①]

国际财务报告准则只是在最近才被世界上许多公司采用。该准则对长期采购合同处理的要求将会很快变得清晰明了。总之，包括对风险担保的会计处理在内的各种情况都表明，主流会计准则在逐渐采用公允价值法对合同中的权利和义务进行确认。

6.6 披露额外信息

国际会计准则虽然不完善，但是比大多数现实选择更好，且在不断完善中。政府采用这样的准则，其财务报告将位居世界最佳之列。不过，为了解决会诱导政府做出不合理的风险承担决策的所有会计问题，除了采用好的准则，还需要采取更多措施。更何况，目前只有少量政府采用现代权责发生制会计准则。在短期内，对于采用收付实现制的政府，所能采取的最好措施就是披露额外信息，作为收付实现制会计报告的补充。

例如，智利政府披露其目前采用的财务报告准则不要求披露的信息。在一份与预算一起发布的公共财政报告中，披露了政府为多个收费公路项目提供收入和汇率风险担保的成本信息，预测了未来二十年这些风险担保可能会使政府支出或收入的金额，包括各收费公路项目中各个风险担保的金额及其总计。表 6.1 列举了智利政府的信息披露（智利政府，2003）。[②]

[①] 关于合并报表，参见国际会计准则第 27 号；关于租赁，参见国际会计准则第 17 号。英国会计准则委员会已经发布了可能是最详细的长期采购合同操作指引。该指引出自英格兰和威尔士特许会计师协会 2003 年财务报告准则第 5 号"报告交易的实质"中关于"社会资本融资行动（Private Finance Initiative）和类似合同"的注释。

[②] 表 6.1 采用了第七、八章给出的估值方法。

表 6.1　智利对政府风险担保成本的披露

预期的政府现金流（单位：十亿智利比索）

年份	最低收入风险担保项下	收入分成	汇率风险担保项下	合计
2003	-1.257	0.000	-0.853	-2.110
2004	-1.584	0.000	-0.044	-1.629
2005	-2.587	0.010	-0.354	-2.931
…	…	…	…	…
2020	-18.428	0.985	0.000	-17.444

价值（单位：十亿智利比索）

公路项目	净最低收入	汇率	合计
El Melon Tunnel	0.000	0.000	0.000
Santiago-Colina-Los Andes	3.054	0.000	3.054
Camino de la Madera	-1.257	0.000	-1.247
Route 5, Los Vilos-La Serena	2.335	3.413	5.748
…	…	…	…
合计	128.556	10.605	139.161

来源：智利政府，2003。
注：净最低收入是最低收入风险担保项下的净值与收入分成项下的净值之和。

所披露的信息并不需要都是量化的，可以是对政府风险担保和因此承担的风险进行描述，也可以将包含风险担保的合同公之于众，让相关方去判断和评估风险。

信息披露会促使相关方督促和帮助政府改善信息工作。学界和咨询界等各方会对某项风险担保是否是好政策、其价值是多少等问题提出看法。此类外部评论能够对政府的顾问和决策者产生约束和规范作用，他们在清楚其建议和决定将会被详细审视的情况下，会做得更好。

也正因为如此，官员和政治家经常在一些特定情况下抵制信息披露。政府有时从大局和前瞻考量，确实会出台法律和规章制度来保障公开透明，有的采用要求广泛披露的财务报告准则，有的制订信息自由法律，还有的公布基础设施特许经营合同。①

对公众而言,透明未必是百分之百的好事。大量公文的发布可能淹没关键信息;信息自由法律法规会促使政府的顾问不再公开表达意见;决策者必须在决策出台前后进行解释,这样会使他们接下来非理性地推动决策执行,即使已经产生沉没成本,却仍然继续让政府和纳税人花冤枉钱(Mellers、Schwartz 和 Cooke 1998,461)。在出台信息自由法律法规之前进行针对性设计,可以减少一些问题(在某些情况下保护某些类型的意见),但是不可避免要在信息公开与尽量少产生新问题之间进行权衡。

6.7 为政府风险担保安排预算

将承担风险的成本纳入预算十分重要。如果预算规则要求政府在提供风险担保时考虑成本,那么将风险担保用作变相补贴而不是改善风险分配的工具的吸引力就会大大减少。这里讨论几种做法。②

6.7.1 对政府风险敞口和风险担保成本设定上限

最简单的做法或许是由政府或立法机构对政府最大可能损失的增长设定上限。③ 最大可能损失也叫"风险敞口",详见第七章"度量风险敞口"。可以分别审批每项风险担保的上限,不过更可能的做法是对政府总的风险敞口设定一个上限,或者是分别为电力、交通等若干行业各设定一个上限。

对政府风险担保进行平行预算,可以使政府对提供新的风险担保加以节制,进而制约最大可能损失的增长。这也使政府要对不同的风险担保进行取舍:一旦新增风险敞口已达上限,那么提供一项风险担保意味着需要

---

① 部分合同可以从 http://rru.worldbank.org 获得。
② 一个更简单但仍然重要的任务是确保下一年度政府风险担保的预期现金流列入现金预算,从而使现金预测足够可靠,现金需求能被管理。匈牙利解决这个问题的做法是,法律要求政府为下一年度政府风险担保的预期成本安排预算。
③ 美国政府在二战后采用了这一方法(Whitman 1965,69-70)。也可参见 Brixi、Schick 和 Zlaoui(2002),以及 Schick(2002a,87-88)等研究。

放弃另一项风险担保。波兰用这种方法限制新的风险担保,当波兰政府为A2高速公路公司(见第二章)的巨额借款提供风险担保时,一直有抱怨称该项担保消耗了大量风险担保预算,挤占了政府可能愿意提供的其他风险担保。

这种方法简单有效。但是,由于有着相同最大可能损失的若干项风险担保可能成本各不相同,这种方法不能完全控制成本的产生。而且,这种方法不能对政府风险担保和直接支出进行对比。

为了避开这个问题,政府可以对风险担保成本中与政策相关的成本增长设定上限。之所以强调与政策相关的成本增长,是因为风险担保的成本在与最大可能损失对应的同时,可能由于与政策无关的原因而变化。例如,尽管政府并没有采取使收入风险担保更慷慨的措施,因为需求下降,政府提供收入风险担保的成本也将增长。评估政府风险担保的成本比单单测定最大可能损失更有难度。否则,对风险担保成本设定上限与对风险敞口设定上限就一样了。

尽管可以将对风险担保成本中与政策相关的成本增长设定上限看作是对风险敞口设定上限的替代手段,政府可能会同时设定这两个上限。对成本增长设定上限是有意义的,因为风险担保估值是对政府成本的最优估计,并且在比较风险担保与其他政策时最为有用。对风险敞口设定上限也有意义,因为审慎的政府不但会重视其所作承诺的价值,同时也会重视导致更多支出的风险。对风险敞口设定上限也更不容易被操纵。(第七章说明了价值、风险和最大损失的相互区别。)

6.7.2 采用权责发生制会计准则编制预算

传统预算基于传统政府会计,主要针对下一年度的现金支出,不考虑递延和或有支出。政府可以从现金预算转向根据权责发生制所确定的成本安排预算,解决传统预算的问题。这将使预算重点从现金流量表转移至损益表,或者从只重视现金流量表转变为对两表都重视。(没有现代会计准则认为政府应忽视当前现金流。)

如果所采用的准则要求确认政府风险担保产生的经济义务,那么就解决了预算问题。就预算目的而言，政府风险担保的成本和支付等额的现金是一样的。两者的审批程序是一样的，所需要进行的权衡取舍也是一样的：风险担保的每一元成本都要求政府在其他方面减少一元支出，或增加一元税收，或者增加一元按权责发生制会计核算的赤字。虽然还是必须对政府风险担保产生的风险进行管理，但采用这种准则能确保核心问题得到解决，即政府会在估计成本和收益的基础上判断是否提供风险担保。

实际上，即使是目前最好的权责发生制会计准则，也不要求确认全部的政府风险担保。在可以预见的将来，财务报告准则不会解决此问题。弥补财务报告准则这一缺陷的方法之一是设立专门准则，解决最重大的问题。美国1990年《联邦信贷改革法案》实际上就是采用了这种方法。[①]美国政府采用现金预算，在该法案出台之前，预算只反映与风险担保相关的当期现金流，风险担保费计为预算收入，要兑现的风险担保计为预算支出。该法案改变了原有做法，要求国会在批准债务风险担保的当年为该项担保的长期成本拨款。该法案要求以无风险利率对预计债务风险担保会产生的现金流，包括担保费、担保兑现付款和任何返还款等进行折现，将折现的结果作为债务风险担保的金额。实际现金流则采用独立的资金账户进行管理。

例如，假设美国政府为1 000万美元贷款提供风险担保，收取的先期费为100万美元，预期违约造成的政府支出减去所有返还款后再折现的现值是300万美元，那么该风险担保的净成本就是200万美元。再假设借款人在当年较晚的时候违约，美国政府因此要支付1 000万美元，而且也没有任何可能的返还款。基于这些假设，立法机关必须在批准该风险担保当年（即第一年）拨款200万美元。此项拨款和先期费共300万美元，都要进入独立的资金账户。在当年较晚的时候，美国政府要从资金账户中拿出1 000万美元来兑现风险担保，其中700万美元由美国财政部支付。不管怎样，不需要新的预算。

---

① 美国1990年《联邦信贷改革法案》的网址如下：http://www.fms.treas.gov/ussgl/credit-reform/fcra.html，也可参见Phaup (1993)、Mody和Patro (1996) 的研究。

该法案也对政府提供风险担保后该担保的价值变动进行了规定。如果政府改变政策，并因此增加了未兑现风险担保的预计成本，那么就必须为该成本增加进行拨款。如果未兑现风险担保的预计成本增加不是因为政府风险担保政策变化（例如主流无风险利率的变化），那么也应该增加拨款，但由该法案中的自动拨款相关条款管辖。这两类变化要分开处理。

《联邦信贷改革法案》并不能解决因政府承担风险而产生的所有预算和会计问题。它只针对某些特定的债务风险担保，不包括养老金风险担保、银行存款保险等重要领域。它所采用的估值方法不考虑风险溢价。期望现金流既不根据风险进行调整，也不按照经风险调整的利率进行贴现。因此，一般会低估政府风险担保的成本。[①] 但是，与此前的做法相比，它仍然是一个重大改进。

设立基金，应对准则不完备问题，是制订指导政府预算的权责发生制新准则的替代措施之一。通过设立基金，可以在现金预算下或者在基于不完善准则的权责发生制预算下，推动对政府风险担保成本的确认，从而实现对政府风险担保的有效管理。

6.7.3 设立基金

可以利用基金来管理政府风险担保和其他不确定是否会发生现金支出的事项形成的债务。哥伦比亚还通过设立基金，让投资者确信政府会信守承诺（Echeverry 等 2002）。那么基金能够解决由低水平会计工作导致的问题吗？

假设政府在提供风险担保时向基金注入资金，在兑现风险担保时从基金中提取资金，进一步假设某政府部门向基金注入的资金量必须等于风险担保的估计成本。在这种情况下，该部门必须获得与向基金注入的资金量相等的预算。可见，通过设立基金，使政府部门提供风险担保的成本在其部门预算中得到反映，这就有可能促使政府部门在进行风险担保决策时更

[①] 美国政府已经认识到这个问题。解决该问题的多项方案也已被提出来。参见美国政府、国会预算局（2004）相关文件。

加谨慎。

就包括各部门在内的政府整体而言，如果要使这种做法有效，就不能将基金纳入预算；在估计赤字时不能将基金中的资金量作为财政收入。否则，政府就是将基金既作为收入又作为支出，政府因风险担保而产生的负债和赤字就会变成零。采用原始会计方法的政府比较容易将基金设置在政府账户之外，采用其他会计方法的政府不容易这样做。对于后者，基金虽然不会解决其政府整体层面的会计问题，但仍可以改善其相关部门的风险担保决策水平。

基金也可以用于政府风险担保的兑现。这是在面对意想不到的风险担保兑现请求时，不用新申请财政拨款的方法，同时，基金在这方面受其资金总量和变化等的限制。如果是为了应对低水平会计问题，对基金的注资额应该等于政府风险担保的估计成本。假设某部门的风险担保在提供担保的当年估计成本为100万美元，那么该部门当年就要向基金投入100万美元。一般来讲，担保的估计成本在以后年度才发生变化，届时该部门需要从基金收回资金或者向基金投入更多资金。但是，如果估计成本在提供担保的当年就因情况变化而增加了100万美元，那么该部门必须在当年就要再向基金投入100万美元，反之，如果在当年情况就有改善，那么该部门就要从基金收回相应资金。[①]

根据政府风险担保的估计成本来决定向基金投入或从基金收回资金，会影响政府现金管理目标的实现。具体地说，政府在需要兑现风险担保时，希望基金规模足够大，避免政府不得不从一般预算安排资金支付的情况（Echeverry等2002；Christopher Lewis和Mody 1997）。如果向基金投入的资金量等于风险担保的估计成本，会使这一问题得到缓解。不过，这并非理想状态，除非向基金投入的资金量等于最大可能损失的现值，否则基金肯定不能覆盖全部损失，因此总是存在政府不得不动用其他资金以兑现风险担保的情况，比如，出于现金管理的目的，政府可能希望基金在

[①] 可能有另一种在政府内部分配风险的方法：将某部门的初始投入资金视为从财政部门购买保险，当以后发生情况变化时，由财政部门负责投入或者收回资金。

90%的情况下能够满足兑现风险担保所需资金。另外，向基金投入的资金量一般不会等于风险担保的估算成本，对于仅覆盖少量风险担保的基金，其资金量几乎肯定要低于担保的估算成本，基金覆盖的风险担保越多，这些担保相互之间越没有关联性，则基金满足兑现担保所需资金的可能性越大。不过，这种利用基金来解决会计问题的方法并不是解决现金管理问题的最适宜方法。

　　基金有利于现金管理，但也会给现金管理带来负面影响。基金将投入其中的政府资金与政府其他金融资产和负债隔离开来。如果政府有净负债，那么政府将现金投入了基金，就不能再把它用于减少负债。如果政府的债务利率高于基金的收益率，那么政府用现金偿还债务就比投入基金要合算。基金也会妨碍政府通过资产多样化全面获益，从而使现金管理更加困难。此外，基金管理者远不能全面考虑政府的风险敞口（见第三章中的"认知障碍"）。

风险度量和估值

政府如果能够度量预期风险并进行估值，即对风险进行定量描述和成本估算，就能更好的决定是否要承担风险。如果是特别复杂或者模糊不清的风险，度量和估值就会由于太粗略或太困难而无效；但是，通常可以对风险进行近似度量和估值。如果风险很小，度量和估值就没有必要；如果风险很大，近似度量和估值总比不做要好。

风险度量是风险管理的一部分。风险管理即监测和控制一个组织所面临的风险，目的是帮助组织规避财务困境的出现以及随之而来的各种成本。在一些国家，风险管理要求对政府风险担保进行仔细分析，因为政府风险担保最有可能在金融危机期间变成政府不得不履行的显性债务，也可以成为引发财政困境的重大因素。

在某些情况下，避免财政困境可成为度量社会资本融资项目中政府风险的主要目标。资产组合的风险通常低于其组成部分的风险总和，所以最有价值的是对政府的所有资产和负债、收入和支出进行一揽子风险管理，而不是针对单个基础设施项目或者基础设施项目组合。

但这里讨论的重点不是避免财政困境，而是将政府风险担保估值作为最终目标，因为这种估值是政府在决定如何做时的首要需求——通过对风险承担和其他选项的成本进行比较，做出最具成本效益比的决策。在估值之前，先进行风险度量，因为风险度量是风险估值和管理的一个步骤。风险度量也有利于政府部门进行规划，可以了解下一年度的支出超过某一规模的可能性。这并不等同于了解政府风险担保的成本，对于风险担保仅占其风险资产和负债组合一小部分的政府来说并不重要，但对提供政府风险担保的部门的财务管理来说却非常重要。

7.1 识别风险敞口

度量风险并估值的第一步是识别主要的风险因子。哪些会导致结果不同于预期？哪些会使结果劣于预期？哪些会使结果优于预期？

从政策制定角度来看，政府可能需要考虑项目总价值函数（项目总价值函数的含义见第四章中的"定义"）中涉及的所有主要风险因子。政府如果要对一种服务的定价进行调节，就需要考虑其调控政策是如何在企业和用户之间进行风险分配的。从财政作用角度来看，政府需要考虑自身风险的来源。原则上，这要定义一个函数，通过该函数可以确定这个项目中政府利益的价值。考虑到隐性和显性义务，要想识别所有风险因子是不可能的，不过许多主要风险可以通过参阅法律、授权、法规、特许经营、担保合同以及其他分配风险的工具得以识别，并且很多主要风险已经被项目发起人、政府各部门和外部顾问识别出来。

例如，收费公路的特许经营合同可能涉及以下约定，这些约定在有关国家意味着政府因此发生支出或者获得收入：

- 特许权获得者可以根据通货膨胀上调通行费。如果政府愿意，可以对特许权获得者进行补偿，避免通行费上调；
- 政府风险担保明确特许权获得者的收入不会低于一个既定阈值。如果收入低于既定阈值，政府将会补偿特许权获得者；
- 特许权获得者应当把超过规定阈值的那部分收入按照一定比例支付给政府；
- 政府如果补偿特许权获得者的投资并保障其利润，那么可以在任何时候收回特许经营权；
- 公路特许经营30年后要移交给政府，同时政府应当按照这条道路的账面价值向特许权获得者付费。

上述约定会使政府处于风险之中。可以用方程来表示政府究竟收入或支出多少。例如，在特许权获得者收入中涉及到政府风险担保的部分可以表示为：

$$p_t = \max\{0, k_t - x_t\}$$

公式中 p 是政府支出，k 是受政府担保的收入，x 是通行费收入，下标 t 是指年限。注意，通行费是风险因子，其值未知。所以该方程并不能无条件地预测政府支出额，而要基于给定的通行费收入进行预测。

有时，反映现实情况的公式是极其复杂的；在政府发生支出或者获得收入之前，必须满足很多条件，且数额取决于许多要素。例如，要政府兑现收入担保，可能要取决于公路是否得到恰当维护以及事故发生的数量不超过一个既定阈值。在量化风险时，必须确定需要将模型简化到何种程度才适当：过于复杂就会使得模型分析变得难以进行；过于简单则模型分析不实用。因此需要明确哪些风险因子是非常重要的，是必须在建模过程中考虑的；哪些风险因子是可以忽略不计的，不引入到模型中也不会导致错误。

7.2 度量风险敞口

在识别了主要风险因子及其与政府收支之间的关联关系之后，就可以对风险进行度量。在介绍度量风险的技术方法之前，需要先明确风险度量的含义。

7.2.1 收益与损失的概率分布

对风险敞口进行全面度量是指详细给出在整个风险敞口期间发生支付的概率分布。对于某一时间节点的风险，例如，对于政府因特许经营合同到期、终止合作而向特许权获得者支付资金的风险（即"解约支付风险"），只涉及单一概率分布，用一张图表就可以表示。图 7.1 是描述这种支付可能频率的分布直方图，图中数据是假设的。

对于某一时间段内的风险，单一概率分布无法进行有效描述。例如，在五年内按月度进行支付，原则上需要 60 个频率分布样本，如果对其进行简化处理，用年度支付来代替月度支付，所需频率分布样本就会下降到 5 个。有时，样本分析选取的时间段恰当与否取决于要分析的风险。例

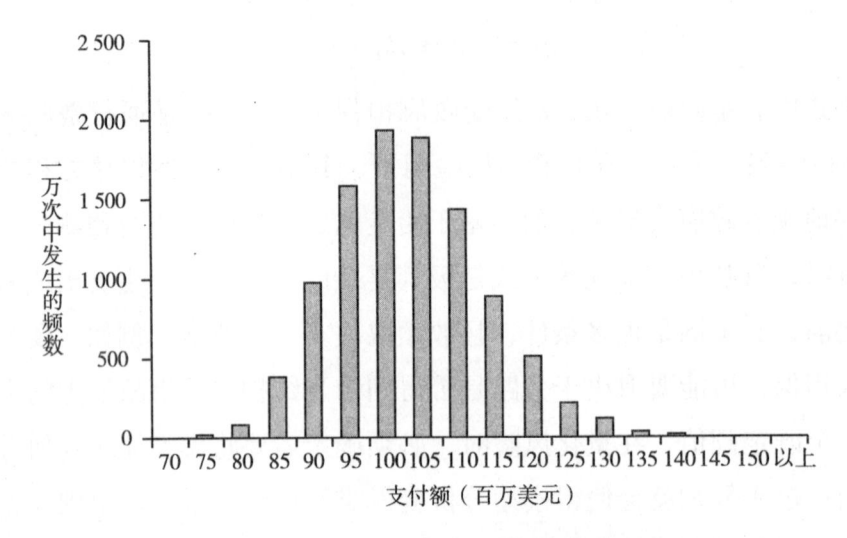

图 7.1　解约支付风险的频率分布图

来源：作者计算。

注：横轴从左向右第一格表示支付额不超过 7 000 万美元，第二格表示支付额在 7 000 万到 7 500 万美元之间，第三个表示支付额在 7 500 万美元到 8 000 万美元之间，以此类推。横轴上的数字表示该格支付额的上限，除了最右侧一格（表示支付额比 1.5 亿美元更多）外。由图示可知，支付额在 9 500 万美元到 1 亿美元之间的频率最大，为 20%，或者说占了 1 万次中的 2 000 次。图示的频率分布表示支付呈对数正态分布。

如，如果某项收入风险担保明确将在每一年度的年末计算收入及担保兑现额，分析统计的时间段自然就是年，若采用其他时间段，样本选取势必带有随意性。

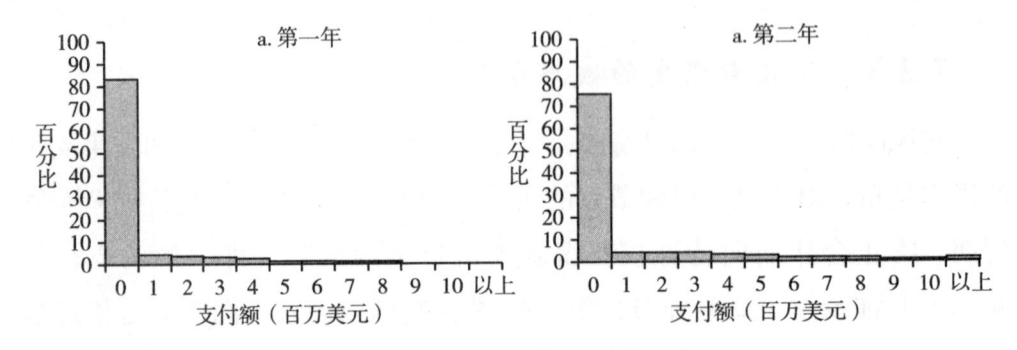

图 7.2　收入风险担保：在不同区间内的政府支付相对频率

来源：作者计算。

注：横轴的特征与图 7.1 的横轴相同。这些估计基于十万个样本。

图 7.2 分别给出了收入风险担保下第一年度和第二年度政府支付的频率分布柱状图。假设在初始年度（第 0 年）企业收入为 1 亿美元并预计

将以每年5%的速度增长,则政府保证企业的收入第一年至少1亿美元、第二年至少1.05亿美元。注意,第二年比第一年的离散程度大。

如图7.2所示,对整个概率分布进行估计具有极其重要的作用,尤其是对于全面度量风险而言,但缺点是不够简洁明了。出于某些考虑,这里倾向于用一两个数字来概括政府的风险敞口。

7.2.2 政府支付的最大值与最小值

政府最大可能获益与最大可能损失是两个简单而有效的风险度量指标,尤其是政府的最大可能损失,也就是所谓的政府风险。上文讨论过收入风险担保下政府的最大可能损失第一年是1亿美元,第二年是1.05亿美元。债务风险担保下的最大可能损失是贷款总额。

一些工具会给政府带来上行风险,但也设定了政府获益的上限。政府可以分享项目收入,但会有限额。作为与外债相关的汇率风险担保的一部分,政府会以获得货币升值的收益为条件,同意保护特许权获得者免受货币贬值风险,但政府以外币计量的收益将受到外债额的限制。

有时候,政府的损失或收益是无限的。例如,如果由汇率风险导致的损失以本币计量就是无限的,政府需要花费无限的本币以履行义务;政府收益也可能是无限的,一个典型的收入分成协议不限制政府收益的上限,政府入股协议也可以不限制政府的分红上限。

7.2.3 期望支付

另一个有效的度量指标就是期望支付或期望收入。从预期层面来看,期望支付是概率加权的。举个简单的例子:投掷一枚硬币,如果硬币正面向上政府支付固定金额1美元,否则不支付,那么政府也就有50%的概率支付1美元,50%的概率不支付。这个例子的概率加权支付或者叫期望支付就是50美分。

期望支付可以通过图7.1和图7.2中的直方图数据进行估算,这些图表是基于对可能结果(后文将解释这些可能结果是如何生成的)进行大量采样获得的。在图7.1中,这1万个结果是可能的解约付款。这些支付的平均值即为政府期望支付的估计值。从既定数据中获取的政府支付的平均值为1亿美元，所以期望支付的估计值就是1亿美元。在图7.2中，这10万个可能结果是收入风险担保下的支付，这些支付的平均值为第一年43万美元，第二年104万美元。

7.2.4 超额支付概率与在险现金流

其他多种风险度量指标主要关注坏的结果。其中一种度量指标为支付超过某个既定量的概率。如图7.2收入风险担保所示，政府想知道在第一年支付超过500万美元的概率是多少，在所举的例子中是2%。这种度量指标被称为超额支付概率。

另一个密切相关的度量指标是在险现金流，其定义比较拗口：它是在特定的置信度下预期不会超出的最小政府支付额。因此每一个置信度都有在险现金流。对于收入风险担保来说，98%置信度的在险现金流为500万美元，在99%置信度下，是700万美元。在险现金流与风险价值有密切关系，后者关注价值的损失而非支付的现金。[①] 需注意不要被"在险"的表达方式所误导：在一般意义上，有风险的现金流将是可能的政府最大损失，而不是在一个特定置信度下可能的政府最大损失。

另一个风险度量指标是支付的标准差或方差。如果政府支付遵循某一特定类型的分布，如正态分布，知道了期望支付和标准差就能完整的画出概率分布直方图。因而采用这一指标也能够得出上文提到的其他度量指标，如在险现金流和超额支付概率。例如，如果支付服从正态分布，政府有95%的把握确定其支付与期望支付的误差将在两个标准差之内。如果期望支付是1 000万美元，标准差是100万美元，那么政府就能有95%的把握确定其支付将在800万美元和1 200万美元之间。[②]

当分布是未知的或不常见的，如图7.2所示，标准差就不是那么有

---

① 风险价值是概率论中分位函数的一种应用（如DeGtoor和Schervish 2002中提到的例子）。为了讨论，可以参见Baumol（1963）、Dowd（1998）和Jorion（1997）。

② Dowd（1998）、Duffie和Singleton（2003）讨论比较了多种风险度量的方法和指标。G. Boyle和Irwin（2005）举例说明了在基础设施项目中在险现金流与超额支付概率的实际应用。

用。在收入风险担保下的第一年的支付额的标准差为130万美元，且期望支付是43万美元。但这并不能明确指出例如支付超过200万美元的概率。为了弄清这一点，必须查看底层数据。

可能存在其他有时可能有用的度量方法。当风险同事件可能发生与否相关时，估计事件的发生概率可以用来度量风险。另一种可能是在损失超过某一在险现金流的前提下，估算期望支付。对于上述收入风险担保，在给定损失至少为99%在险现金流的前提下，期望损失为8百万美元。

7.2.5 风险组合与相关关系

到目前为止都是对风险逐一进行讨论，两项或者多项风险担保的期望支付总额是单个风险担保期望支付的简单加总。因此，通过对每一项风险担保进行独立分析，将分析结果加总来估算在风险担保组合下的政府支付总额是可行的。价值估算也可以这样做。但是一般来说，一个风险组合的价值的标准差却不是其中各个风险的价值标准差简单加总，风险和风险组合的在险现金流和超额支付概率也存在这种差别。因此，风险组合的度量不能简单通过加总几个独立风险的分析结果来估算。

为了说明这一点，假设政府必须进行两项金额不确定的支付。如果两项支付的标准差分别为 σ_a 和 σ_b，则支付组合的标准差 σ_p 如下所示：

$$\sigma_p = \sqrt{\sigma_a^2 + \sigma_b^2 + 2\rho\sigma_a\sigma_b}$$

式中，ρ 是两项支付的相关系数，表示两者之间的相关程度，被定义为：

$$\rho = \frac{\text{cov}(a,b)}{\sigma_a\sigma_b}$$

式中，cov (a,b) 是两项支付的协方差。相关系数 ρ 的取值范围从 -1 到 $+1$。如果 $\rho=1$，那么两项支付就是完全相关的，此时支付组合的标准差是最大的。在这种情况下，支付组合的标准差就是其各部分支付标准差的加总。另一个极端情况是 $\rho=-1$，此时支付组合的标准差是最小的，再假设两项支付具有相同的标准差，支付组合的标准差就是0，表示风险被完全化解了。在这两种极端情况之间,如果 $\rho=0$ 且两项支付具有相同的标准差,此时支付组合的标准差大约是单项支付标准差的 1.4 倍。[1]

在确定了风险因子之后,更确切地说,在确定一部分风险因子(主要的或者希望被确定的那些风险因子)并且决定了通过哪些指标来进行度量之后,接下来必须要选择一套模型来描绘这些风险因子的概率分布。

7.2.6 特定时间点风险因子模型

有时候,模型的选取主要在于挑选能够描述在某一特定时间点风险因子的单一概率分布。例如,假设政府已同意承担一些建设成本风险——当任何建设成本高于既定阈值时,政府将要支付一半的费用。出于分析的需要,估算这种风险的一个方法是,假设建设成本是在某单一时间点上产生的,并对描述该时间点产生的成本风险概率分布进行假设。在选择概率分布类型时,政府可以利用自己现有的关于建设成本的数据,或者类似项目的数据,或者参考他人的研究成果(参见 Flyvbjerg、Holm 和 Buhl 2002;Skamris 和 Flyvbjerg 1997;Trujillo、Quinet 和 Estache 2002)。

假设建设成本服从对数分布,这意味着建设成本是非负的并且其对数服从正态分布(如果假设建设成本服从正态分布,意味着建设成本可能为负),同时也表明建设成本的分布具有右偏性。假设项目的建设承包商估计建设成本为 1 亿美元,但根据经验判断,这个数字应该是偏低的。由此得出如下结论:真正的期望成本是 1.2 亿美元,标准差大约是 2 500 万美元。再假设政府已同意对建设成本超过 1.5 亿美元的部分承担一半,图 7.3 显示了估计建设成本和政府支付的直方图。

7.2.7 可变风险因子模型

人们通常重视随时间变化的风险因子。例如,如果政府保证了特许权

---

[1] 如果 $\rho=1$,那么 $\sigma_p = \sqrt{\sigma_a^2 + \sigma_b^2 + 2\sigma_a\sigma_b} = \sqrt{(\sigma_a + \sigma_b)^2} = \sigma_a + \sigma_b$;如果 $\rho=-1$,那么 $\sigma_p = \sqrt{\sigma_a^2 + \sigma_b^2 - 2\sigma_a\sigma_b} = \sqrt{(\sigma_a - \sigma_b)^2} = \sigma_a - \sigma_b$,当 $\sigma_a = \sigma_b$,组合的标准差为零;如果 $\rho=0$,那么 $\sigma_p = \sqrt{\sigma_a^2 + \sigma_b^2}$,当 $\sigma_a = \sigma_b = \sigma$,$\sigma_p = \sqrt{2\sigma^2} = \sqrt{2}\sigma$。数据统计和金融教科书中有对两个以上资产情况下这些结果的总结,例如,DeGroot 和 Schervish(2002)文中的举例。

获得者的收入，人们就会关注收入如何变化。此时需要通过一个随机过程，而不仅仅是一个概率分布对风险进行度量。随机漫步是一种简单的随机过程，风险因子值等于它在过去时间的值加一个随机数。

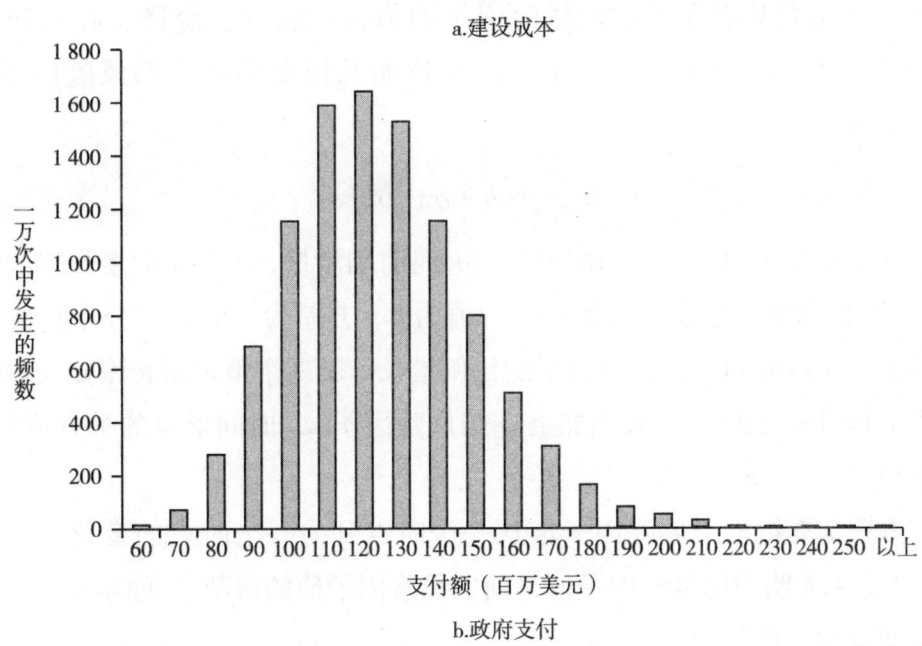

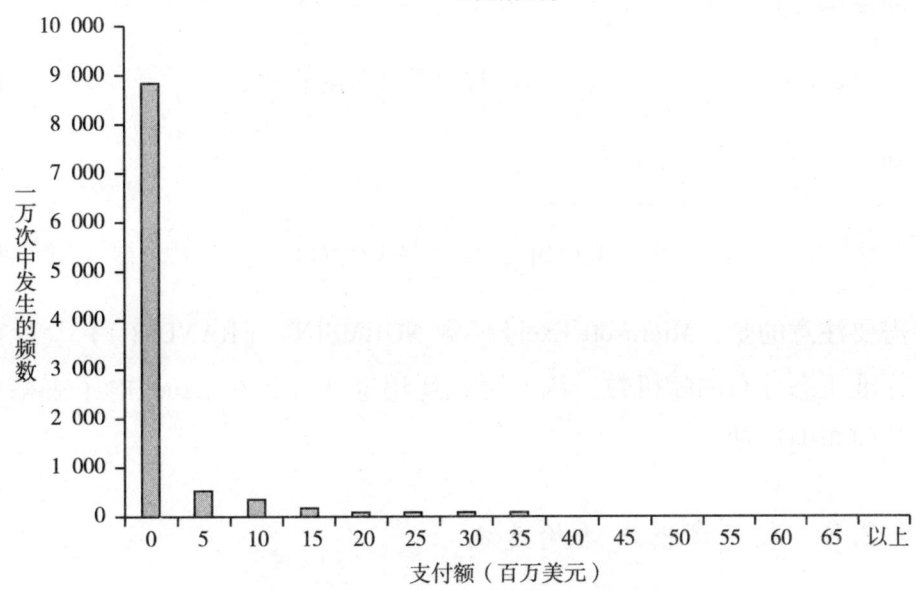

图 7.3 建设成本风险和政府支付

来源：作者统计。

注：假设（1）建设成本服从对数正态分布，均值为 1.2 亿美元，标准差为 2 500 万美元；（2）以百万美元计的政府支付额为 $0.5\max\{0, 成本减150\}$。

一个通常有效的办法是假设所关注的风险因子遵循几何布朗运动。① 该假设下，风险因子可以像随机因素一样有一个增长或下降的趋势速率，它使趋势增长率和随机元素的大小与当前风险因子的值成比例。这也意味着所关注的风险因子的值，如成本、价格、收入和资产价值，不可能为负。数学上，一个遵循几何布朗运动的风险因子 x 的运动如下：

$$dx = \mu x dt + \sigma x \sqrt{dt} z \tag{7.2}$$

其中 μ 是 x 的增长率的期望值，dt 是时间增量，σ 是 x 的增长率的波动率，z 是标准正态分布（即一个均值为0、方差为1的正态分布）的随机抽取。一段时间内，风险因子的比例增长等于一个恒定增长率 μ 与风险因子 x 和时间增量 dt 的乘积加上 σ 与风险因子 x、时间增量的平方根和 z 的乘积。

方程7.2给出了风险因子值从一个时点到另一个时点的变化。方程7.3和7.4表明当期风险因子值是前期风险因子值的函数（见附录中"几何布朗运动方程"）：

$$x_t = x_{t-1} \exp\left(\left(\mu - \frac{\sigma^2}{2}\right) + \sigma z\right) \tag{7.3}$$

和

$$x_t = x_0 \exp\left(\left(\mu - \frac{\sigma^2}{2}\right)t + \sigma \sqrt{t} z\right) \tag{7.4}$$

需要注意的是，Microsoft Excel 函数 NORMSINV（RAND()）会生成服从标准正态分布的随机数，因此可以运用这些方程在 Excel 电子表格中实现几何布朗运动。

7.2.8 表面建模与结构建模

通常，必须决定应该对风险因子进行多深入的分析。以收入为例，选

---

① 如需了解更多关于几何布朗运动的知识，详见 Dixit 和 Pindyck（1994，第三章）以及 Hull（2003，第11章）。

择之一是假设收入遵循给定的过程，比如几何布朗运动。另一种方法是利用收入所依赖的更根本的风险因子，如价格、需求、计费和收款。如果采用这种方法，可以选择模拟基础风险因子并据此建立对收入的估计。举例来说，假设需求遵循几何布朗运动，计费和收款的变动率遵循其他过程，价格是恒定的。一种做法是，可以将收入作为分析的原始因素，另一种做法是，将其他风险因子作为底层风险因子，把收入作为其他风险因子导致的结果进行分析。

哪种方法更好取决于环境。在这个例子中，将收入作为原始因素可以简化分析过程，不会增加新的风险因子进行分析。如果将收入看作其他原始因素的函数，则有利于更好地掌握基础风险因子如何变化以及这些基础风险因子与收入的关系。这对于习惯通过其他变量来预测利息风险因子的人来说，可以使分析更符合实际。

7.2.9 公式与蒙特卡洛模拟

有时可以用公式来度量风险。但由于引发风险的各种事件的复杂性，度量相关风险的公式是未知的或是不存在的。此时可以运用其他技术手段，得出近似解。

蒙特卡洛模拟可能是最有效的方式。[①] 在蒙特卡洛模拟中，首先使用随机数生成器对一个或多个风险因子的结果取样。然后，对于每一个结果，记录向政府支付的款项或由政府支付的款项。例如，对于收入风险担保而言，对收入取样并记录因此产生的政府支付的风险担保支出。随着样本量的增大，可以建立起一个越来越可靠的可能结果的概率分布估计。

回到图 7.2 所示的收入风险担保的例子，假设需要对未来两年收入的概率进行预测，通行费收入服从如方程 7.3 所示的几何布朗运动，并且如前所述，今年的收入为 1 亿美元，收入预期每年增长 5%。同时假设公路

---

① 其他还包括数值分析如二叉树模型。如需了解更多关于蒙特卡洛模拟的知识，详见 P. Boyle（1977）和 Hull（2003，第 18 章）。

的历史收入数据表明增长率的估计波动率为5%。然后，可以在Excel中通过随机数生成器得到z值代入到方程7.3中，获得收入的可能结果。图7.4展示了预测结果以及三条可能路径，分别用a，b，c表示。在路径a中，收入与预测相当接近。在路径b中，其收入增长较预测更慢。在路径c中，收入的增长较预测更快。

选择合适的模型和参数，并且采用足够大（例如10万个）的可能路径样本，将得到未来两年中每一年收入的概率分布的合理估计。Excel插件@RISK和水晶球软件很容易产生这样的大样本，也可以通过编程用Excel进行取样。

与运用公式不同，蒙特卡洛模拟必然涉及近似。近似度随着样本量变大而提高，因而可以通过采样一百万条路径来得到更好的估计。然而样本量越大，计算机计算的时间就越长。所以，必须在精确度和速度上有所取舍，不能执迷于用加大样量（如，十万个）来减少模拟中的近似误差。主要风险因子演变的不确定性可能导致更大的误差。

现在考虑第一年为1亿美元的收入风险担保。可以用公式7.1估计该担保导致的支付的概率分布，其中 $k = 100$，而且如方程7.3所示，收入遵循几何布朗运动。

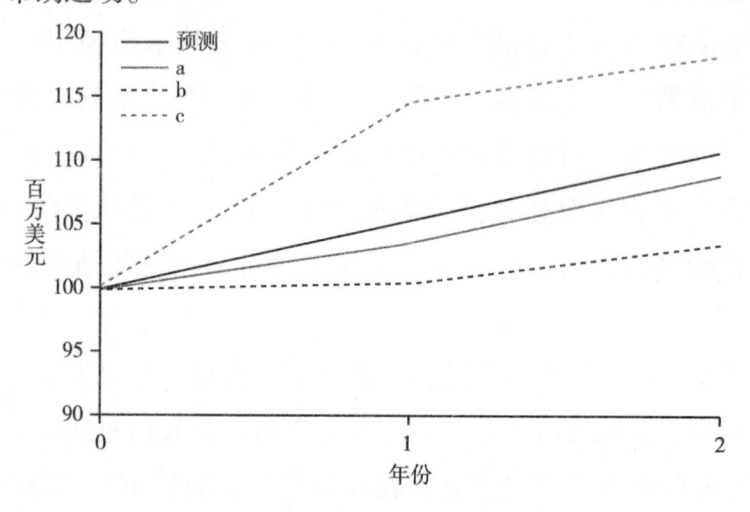

图7.4 收入预测及三条可能路径

来源：作者计算。

表 7.1　　　　　　　对一年期收入风险担保的风险度量

度　量	估计值 （单位：百万美元）	备　注
最小支付	0	参见式 7.1
最大支付	100	政府风险担保额
支付的期望值	0.43	样本支付的均值
支付超过 5 百万美元的概率	2%	支付超过 5 百万美元的样本数量除以样本总数
99% 置信水平下的在险现金流	6.6	将样本降序排列，排位第 1 000 的支付额
支付的标准差	1.3	根据样本数据按一般方法计算得出

来源：作者计算。

如此可得到图 7.2a 的直方图，还可以得出风险的其他方面的量化估计，或者基于对收入风险担保的了解，直接推断出这些信息，比如最小支付额和最大支付额。

7.2.10　风险组合及相关性分析

在蒙特卡洛模拟中，如果有两个风险因子，就需要考虑两者的相关性。例如，如果关注收入和建设成本，并且根据其对经济增长的普遍依赖性，预期两者之间正相关。可以对其运用 Cholesky 分解生成需要的相关随机变量（参考 Dowd 1998；Jorion 1997；Marrison 2002），也可以用@RISK 或水晶球软件来生成相关随机变量。

7.3　风险敞口估值

上述的分析虽然有一定的实用性，但是政府不能通过该分析来比较风险担保和其他政策的成本。为能够比较，需要对风险担保进行估值，说明政府支付的风险和时点。

尽管可以为政府风险担保进行专门估值，但这里将评估政府风险担保的市场价值：即风险担保被交易时的交易金额。用会计术语表示，这种方法就是评估风险担保的公允价值，或"信息对称、双方自愿的公平交易中资产交换金额,或债务划分"(国际会计准则理事会 2004,2169)。

这种估值法的优势是:评估市场价值比政府专用评估更简便,也更不容易被人为操纵。但是该方法也有局限性,尤其是它不区分成本与价值的任何不同,认为政府提供风险担保的成本就是风险担保的市场价值。所以该方法与之前讨论的风险分配并不匹配。之前讨论的风险分配目的是判定总价值如何随不同的风险分配发生变化,而这一估值方法过于简单,无法实现这种目的,难以体现政府风险担保是否会增加项目总价值,最多只能作为对适当的风险分配定性分析的补充。

7.3.1 考虑时间而忽略风险价格

先考虑支付时间。如果利率为正,那么今天支付的资金总和比以后支付同样一笔资金代价更高。如果忽略通常作为对承担风险的补偿的溢价,则可以通过估计支付的期望值,并以该段时期的利率对期望值进行折现,来评估可能的支付风险。例如,可能的支付在一年之内发生,可用一年期的借款利率对期望支付进行折现,由于忽略了风险成本,所以相关利率是无风险利率,即一个百分之百讲信用的借款人的借款利率。下面讨论四个例子。

第一个例子是一次性支付。 假设政府已经同意基于风险因子结果支付一定量的资金,期望值为 100 美元。如果无风险利率是 5%,忽略所有的风险溢价,付款义务价值为 95 美元:在离散时间条件下,假设每年复利,计算出价值为 $100/(1+0.05) \approx 95$;在连续时间条件下,假设连续复利,计算出价值为 $100\exp(-0.05) \approx 95$。

第二个例子是欧式看跌期权。 假设政府授予一个投资者在预先确定的时间以确定的价格将企业卖回给政府的权利。从期权角度看,政府给予投资者一个以企业价值为标的物的欧式看跌期权。假设企业现值为 10 亿美元,投资者可以在十年后将其以同样的价格卖回给政府。十年后政府损失值为 $\max\{0, 1-x_{10}\}$(单位:十亿美元),其中,x 为风险因子,即企业的价值。假设企业价值遵循方程 7.4 所定义的几何布朗运动,μ 是企业价值增长率的期望值,σ 是该增长率的波动率,假设 $\mu=0.07$,$\sigma=0.1$。

政府损失的期望值为 E（max{0, 1 − x_{10}}）。其中x_{10}由方程7.4给出，但其并没有直接体现出对这一期望值的估计。为取得该期望的近似值，可以使用蒙特卡洛模拟对x_{10}进行取样，然后估计式中的最大值。确切的估值可以通过下面的方程得到，这一方程及其变式将在本书中多次出现[①]：

$$E_t \max\{0, k - x_T\} = kN(-d_2) - x_t e^{\mu(T-t)} N(-d_1) \quad (7.5)$$

其中，k是期权行权价格，N（·）是服从正态分布的风险因子的累积分布函数，d_1和d_2由下式给出：

$$d_1 = \frac{\ln(x_t/k) + (\mu + \sigma^2/2)(T-t)}{\sigma \sqrt{T-t}}$$

$$d_2 = d_1 - \sigma \sqrt{T-t}$$

（从后文的内容中可以发现，此方程类似于毕苏期权定价模型。）

在该例中，通过设定下列参数的值：$k = 1$，$x_t = x_0 = 1$，$\mu = 0.07$，T = 10，$\sigma = 0.1$，可以计算出该欧式看跌期权设立时（t = 0）的价值。将数字代入公式后可以得出，政府期望损失约为210万美元。在不考虑风险溢价的情况下，以无风险利率对该期望值折现可以得到政府风险担保的估值。如果无风险利率是5%，此时该风险担保的估值约为130万美元：$2.1 e^{-0.05 \times 10} \approx 1.3$（单位：百万美元）。

第三个例子是补贴。补贴意味着一系列的支付。假设政府以1美元/单位的比例，按消费量对某一服务进行为期三年的补贴。并假设最初消费量X_0为每年1亿单位，消费量增长率的期望值μ为每年7%。进一步假设，消费量遵循波动率σ为每年15%的几何布朗运动，根据方程7.4，政府在时间t的支付p为：

$$p_t = x_0 \exp\left(\left(\mu - \frac{\sigma^2}{2}\right)t + \sigma \sqrt{t} z\right) \quad (7.6)$$

如果需要考虑的补贴更加复杂，则需要运用蒙特卡洛模拟来估计政府期望支付及其债务价值。由于本方案较为简单，可以直接使用方程计算。

[①] 推导过程详见 Hull（2003, 262 − 63）。

政府在时点 t 的期望支付为：

$$E(p_t) = x_0 e^{\mu t} \tag{7.7}$$

（见附录中"指数函数的期望值"）从方案实施 t = 0 起到 t = T 结束时，预期支付为：

$$\int_{t=0}^{t=T} x_0 e^{\mu t} dt = \frac{x_0}{\mu} e^{\mu t} \Big|_{t=0}^{t=T}$$

代入补贴方案中的参数值，可以计算出政府在该方案中预计大约花费 3.34 亿美元。在不考虑风险溢价的条件下，可以通过以无风险折现率对一系列期望支付进行折现得到补贴的估值。连续时间风险折现系数为 exp(-rt)。时间 t 的支付现值为：

$$V(p_t) = \frac{x_0 e^{\mu t}}{e^{rt}} = x_0 e^{(\mu - r)t}$$

得出补贴支付总价值 V 为：

$$V = \int_{t=0}^{t=T} x_0 e^{(\mu - r)t} dt = \frac{x_0}{\mu - r} e^{(\mu - r)t} \Big|_{t=0}^{t=T} \tag{7.8}$$

因此，不考虑风险溢价的补贴价值大约为 3.09 亿美元。

第四个例子是收入风险担保。 回顾支付期望值为 43 万美元的收入风险担保的例子（表 7.1），如果所有的风险担保支付都必须恰好在一年内完成，且不考虑风险溢价，那么风险担保的价值就是支付的期望值以一年期无风险利率折现的现值。如果无风险利率为 5%，那么连续复利条件下风险担保价值为 41 万美元。

以上所有的估值都存在忽略风险承担成本的缺点。例如，当其他条件不变时，收入风险担保意味着在经济和财政形势不利时，政府将产生支付。这使政府承担了本来希望避免的风险。但上述估值并没有考虑承担风险的成本，在面临选择支付现金 41 万美元还是提供风险担保时，理性的政府会选择支付现金（虽然按照第三章的讨论原因判断，现实中政府可能更倾向于提供风险担保）。同样，如果政府想交易担保义务，必须向新担保人支付超过 41 万美元的价格。换句话说，风险担保的价值超过了 41

万美元。

尽管存在忽略风险的问题,但不应摒弃这种估值方法。该方法比考虑风险溢价的方法简单,而且忽略风险溢价造成的误差小于忽略重要的风险因子而造成的误差,也小于假定的随机过程并不适用于该风险因子的误差。例如,无法确定一个风险因子是否真的遵循几何布朗运动。即便其符合该随机过程,其增长率和波动性也很难判定。尽管如此,忽略风险溢价通常会导致低估风险担保的价值。相比之下,忽略风险溢价会导致高估其他债务的价值,如影子收费的支付协议、基于消费量的补贴等,而这类措施的风险对政府更为有利。当风险很高时,用更精确的评估方法来估值更合理。接下来的两部分讨论这种评估方法。

7.3.2 显性估算风险价格

一些将风险溢价纳入对政府风险担保进行估值的方法能显性地估计风险的价格,另一些则不能显性估计。下面先讨论前者,然后讨论后者。

对风险价格进行显性估计,需要理论支撑。然而,并不存在被普遍接受的风险定价理论。资本资产定价模型,即 CAPM[1],曾经广受学界和业界认可,但最近几年,实证检验表明其效果并不尽如人意。人们对这个理论的信赖程度已经减弱,其他的理论也相继被提出。然而,其他理论也同样存在争议,而且由于其需要的数据难以获得而更加难以应用。[2] 因此许多人继续用资本资产定价模型来估计项目、企业以及企业发行的证券的价值。[3] 这里也采用资本资产定价模型。

最常见的方法是,按照由 CAPM 模型计算出的项目 β 值决定的经风险调整后的折现率,将预计的项目现金流进行折现来估计项目的价值。这种方法也用于有风险的一次性支付的估值。根据该模型,未来支付额 p 的现值 V 是由公式 7.9 得出的:

---

[1] CAPM 模型由 Sharpe 等人于 1964 年提出。

[2] Cochrane (2001) 提出了关于 CAPM 模型的争议。Eugene Fama 和 Kenneth French (1993) 对模型进行了改进,并对使用行为金融来解释第三章中提到的决策和判断方法做出了改进。

[3] 详见 Benninga (2000)、Graham 和 Harvey (2001),以及相关监管部门网站。

$$V = \frac{E(p)}{1 + r + \beta(E(r_m) - r)} \quad (7.9)$$

其中 E（p）是 p 值的期望值，r 依然是无风险利率，β 是随风险资产的市场组合的收益率变化情况的度量指标，而 r_m 是风险资产的市场组合的收益率。

"r + β（E（r_m）- r）"是 CAPM 的经风险调整后的折现率。根据该模型，它等于支付的收益率 r_p 的期望值：

$$E(r_p) = r + \beta(E(r_m) - r) \quad (7.10)$$

"支付的收益率"这一说法听起来可能有点奇怪，但它的解释和其他收益率一样：一段时间的支付额减去现值，再除以现值 $r_p = (p - V)/V$。

关键系数 β 由下式给出：

$$\beta = \frac{\text{cov}(r_p, r_m)}{\sigma_m^2} \quad (7.11)$$

其中，σ_m 是对风险资产的市场组合（或简写为市场）的收益的波动性。和市场的预期收益率一样，市场的波动很难度量。问题是，市场包括所有风险资产：不仅仅是股票，还有债券、大宗商品、房地产以及未上市企业。由于可用数据的限制，其往往用大盘股指数近似替代。

一次性支付——再来看金额不确定的一年期支付的例子，该支付的期望值为 100 美元。假设无风险利率是 5%，市场收益率的期望值是 10%。此外假设支付的收益率和市场收益率的协方差是 0.02，并且市场收益率的标准差为 0.2。则由公式 7.11 可得 β 值是 0.5。根据 β 值，考虑时间和风险，由公式 7.10 可得此项支付的折现率为 7.5%。最后，根据公式 7.9，此项支付的价值大约为 93 美元。

相反，在忽略风险价格的情况下，以无风险利率折现支付的期望值计算，支付估值为 95 美元。那么这一高估值影响有多大呢？一方面，风险调整估计的准确性不应该被夸大。资本资产定价模型是否准确难以确定。即使验证了模型的准确性，也难以保证 β 值的准确性。然而，如果认为支付与政府的其他资产和负债的价值相关，当政府表现好的时候支付会变大，当政府表现不尽如人意时支付则变小。对于忽略了这个事实的估值结果，通常应持怀疑态度。正确的方法则取决于具体情况：当风险小且难以得到经风险调整的估计时，忽略风险溢价是合理的；当风险高时，花一些时间和金钱来估算风险溢价是合理的。

确定性等价——首先，假设估计风险溢价是值得的。然后，采用这一方法时必须面对一个问题：经风险调整后的折现率并不总是适用。即便它适用于许多现金流结构，也同样合理地应用于许多项目和证券估值当中，但它对于类似期权性质的现金流的估值并不适用。问题在于，签出的期权所基于的风险因子的 β 值是稳定的，而期权的 β 值则不然。期权的 β 值会随着风险因子的值和时间的变化而变化，直到期权到期的时刻（见附录中"通过调整折现率对政府风险担保进行估值不可操作"）。[①]

典型的政府风险担保引发的风险与期权引发的风险类似。事实上，计算政府在收入风险担保下的支付情况的公式 7.1 看起来与计算股票看跌期权的卖方损失的公式相似。这种期权卖方的支付为 max {0, k - s} 中的最大值，其中 k 为期权的行权价格，s 是股票在期权到期时的价值。这种典型相似性使风险担保通常可以作为期权进行分析。

通过调整现金流而不是折现率可以规避 β 不稳定的问题。CAPM 模型仍然可以用于此调整，但运用方式不同于常。特别是，一年后收到款项的价值确定如下（见附录中"确定性等价原理和经风险调整的折现率法的等效性"）：

$$V = \frac{E(p) - \lambda \sigma_p}{1 + r} \tag{7.12}$$

其中 λ 是风险的价格，σ_p 是支出金额的标准差（其可以被认为是风险的量化表示，因此，作为风险价格的天然对应物）。此公式的分子是支付的确定性等价值，也就是其风险调整后的价值。分母仅就确定性等价值的时间价值进行折现，不需要进一步风险调整。

[①] 另一个小问题是，为支付确定合适折现率的做法，经常是从无风险利率中减去一个数值，而非加上一个数值。大家对此会感到陌生。

继续以 CAPM 模型作为理论依据，可以估算风险价格 λ 为

$$\lambda = \rho \frac{E(r_m) - r}{\sigma_m} \quad (7.13)$$

其中 ρ 是支付和市场收益率之间的相关系数：

$$\rho = \frac{\mathrm{cov}(p, r_m)}{\sigma_p \sigma_m} \quad (7.14)$$

风险的价格 λ 和 β 的关系，见附录。

再次讨论一次性支付——再次回到期望值为 100 美元的不确定性支付估值的例子。当采用经风险调整的折现率对其进行估值时，假设 r 为 0.05，E(r_m) 为 0.1，σ_m 为 0.2，cov(r_p, r_m) 为 0.02。运用确定性等价方法估值时，只保留前三个假设，并将最后一个假设条件替换为关于 cov(p, r_m) 和 σ_p 的假设。假设 σ_p 为 20 美元。为了与其他假设（见附录）一致，cov(p, r_m) 的值必然为 1.86。公式 7.14 表明 ρ 约为 0.47。联立方程 7.13，代入假设值可得该一次性支付的风险价格 λ 约为 0.12。最后，根据公式 7.12 计算可得该支付的估值约为 93 美元。至此，风险支付的估值可以通过适当调整的折现率来折现期望值，或通过寻找它的确定性等价值并以无风险利率折现两种方式获得。

补贴——当研究随时间变化的风险因子（例如收入或消费）时，在一开始就指定风险因子所遵循的程序可以简化分析。例如，假设某一风险因子遵循几何布朗运动，然后可以从方程 7.2 计算政府的支付并得到一个以风险因子为自变量的政府支付函数，例如 7.1。

再来看之前讨论的补贴，仅根据时间成本而不是同时考虑风险，其估值结果为 309 万美元。一般来说，这样的估值就足够了，但如果政府要完善其估值，还需要做一些其他工作。首先考虑确定性等价方法。确定性等价值的计算过程基本如前所述，唯一的区别是从 μ 中减去了 λσ，从而对增长率进行风险调整（见附录中"通过调整风险因子的预期增长率进行估值"）。因此，计算风险调整后的风险系数 x^* 的方程与 7.4 有所不同：

$$x_t^* = x_0 \exp\left(\left(\mu - \lambda\sigma - \frac{\sigma^2}{2}\right)t + \sigma\sqrt{t}z\right) \quad (7.15)$$

由方程7.15可以得出新的经风险调整后的风险因子。这个经风险调整后的风险因子所引起的支付的期望值即为确定性等价值。以无风险利率对该值进行折现，可以得到包含货币的时间价值和风险溢价的估值。在这个简单的补贴案例中，确定性等价支付由$x_0 e^{(\mu-\lambda\sigma)t}$得出。以无风险利率对其折现：

$$V(p_t) = x_0 e^{(\mu-\lambda\sigma-r)t}$$

与前文一样，可以通过积分得到整个期间内补贴计划的估值。除了λ外，所有参数均由假设给出。由式7.13可知，为了估计λ，需要对市场收益率的期望值、市场收益的波动性、无风险利率以及补贴支出与市场收益率之间的相关系数做出估计。保持之前市场参数不变：无风险利率5%，市场收益率的期望值为10%，市场收益的标准差为20%。假设相关系数为0.5。然后代入公式7.13，可以得出$\lambda = 0.125$。在上述假设条件下，计算得出补贴的价值为3.01亿美元。

若将风险考虑在内，补贴支出对政府来说并不像以无风险利率对支付的期望值折现的方式预计的那么大（309万美元）。原因在于补贴支出与市场收益呈正相关，这意味着政府往往在经济形势好时支出更多，在经济不景气时支出得少。与上面讨论的一次性支付的风险和大多数政府风险担保的风险相反，补贴的风险减少了政府的债务价值。

因为在这个例子中，支付与期权并不相似，所以可以采用经风险调整后的折现率对其估值。使用这一估值方法与使用无风险利率进行估值所采用的程序相同，只需把无风险利率替换为经风险调整后的利率。根据对λ、σ、r和$E(r_m)$的假设，可以计算出β值为0.375（见附录中"确定性等价原理和经风险调整的折现率法的等效性"）。根据公式7.10，经风险调整后的折现率为6.875%。如果将公式7.8中的无风险利率替代为经风险调整后的折现率并计算该积分，可以得到该补贴的估值同样为3.01亿美元。

欧式看跌期权——现在考虑欧式看跌期权的例子。此时支付与期权类似，所以并不适用经风险调整后的折现率进行估值。下一节将展示如何利用毕苏期权定价模型估值看跌期权。不过，确定性等价方式也可以用于期权估值。特别是政府支付的确定性等价值可以通过企业价值的实际增长率减去 $\lambda\sigma$ 得出，然后计算政府支付的期望值。可以根据方程 7.15 进行风险调整，其中 X_0 是企业的价值（10 亿美元），μ 为增长率的期望值（0.07），σ 是其价值增长的波动性（0.1）。看跌期权的值 V 可以通过 $V = e^{-r(T-t)} E_t (\max \{0, k - X_T^*\})$ 来确定。上式中的最大值的期望值可以通过将公式 7.5 中 μ 改为 $\mu - \lambda\sigma$ 计算得出。

为了估计看跌期权，还要估计几个参数。首先假设无风险利率和预期的市场收益率分别是 0.05 和 0.1，同时假设类似的上市公司的股价观测值，表明该企业的 β 的最佳估计为 0.4。运用附录中的关系式 $\lambda\sigma = \beta(E(r_m) - r)$，可以推断出企业价值的风险价格 λ 为 0.2。下一步，按企业价值以每年 0.05（$\mu - \lambda\sigma$），而不是每年 0.07（μ）的增长速度进行计算。根据这些假设，并运用上面的公式，看跌期权的价值为 590 万美元，远远超过了忽略风险时的估值（130 万美元）。

收入风险担保——再回到收入风险担保的例子。上文中，通过使用蒙特卡洛模拟，估算的收入风险担保带来的支付的期望值为 43 万美元。然后以一年期无风险利率折现，可以得到忽略风险的支付估值为 41 万美元。为获得更准确的估值，可以使用确定性等价方法。

再来看基期收入为 1 亿美元、预计年增长 5% 的例子。计算过程中还假设波动性为 5%。假定市场收益率的期望值和无风险利率依然分别是 0.1 和 0.05，那么需要估计的参数只有 λ。假设研究和估测显示收入和市场收益之间的相关系数为 0.6。则由公式 7.13 可得，收入风险的价格 λ 为 0.15。为得到政府支付的确定性等价值，可以重复蒙特卡洛模拟过程，但是收入的增长率应经过风险调整，即 $\mu - \lambda\sigma = 0.0425$。对经风险调整后的收益进行蒙特卡洛模拟，可以得出对政府支付的确定性等价值的估计，估值为 62 万美元而不是 43 万美元。确定性等价值以 5% 的无风险利率折现可得估值为 59 万美元，而不是忽略风险时的估值 41 万美元。

7.3.3 隐性估算风险价格：风险中性定价

风险敞口估值有时更容易。特别是，有时不需要显性估计风险价格，即不需要估计 β 和 λ，也可以得出政府所承担风险的价值。当风险因子是一项资产且该资产的价值包含风险价格时，就可以采用这种方式。这时，承担风险的价格隐含在分析中。例如，上面所讨论的欧式看跌期权的价值可以作为企业价值函数进行评估，即看跌期权的标的物，而不需要进一步估计风险价格。潜在的风险因子是企业的价值，而此价值由内生于拥有该企业的风险决定。政府卖出看跌期权的风险同样来源于此，并且承担期权风险的成本可以根据承受企业价值风险的成本得出。

这种隐含的估计风险价格方法原本被开发用来对上市股票的金融期权进行估值。毕苏期权定价模型是其中最著名的方法（Black 和 Scholes 1973；Merton 1973），虽然其技术复杂，但目前已经广为应用。除了被用来估计金融期权，这一方法现在还被用来估计实物期权的价值，如推迟或扩大投资的机会。

欧式看跌期权——上文已经通过估计 β 值，继而得出潜在风险的价格 λ 来估计欧式看跌期权的价值。现在，在假设企业价值已知的条件下，尝试在不使用 β 和 λ 的条件下进行估值；因为，总是可以通过很好的估计 β 值而对企业价值进行估值。回到政府签出一个以企业价值为标的物的欧式看跌期权的例子，行权价格为 10 亿美元，而且企业价值的波动率为 0.1。假设无风险利率为 0.05，但不再考虑市场的预期收益率，根据毕苏期权定价模型可以得到在 T 时的支付义务的现值：

$$V = ke^{-r(T-t)}N(-d_2) - x_t N(-d_1) \qquad (7.16)$$

其中 N（·）依然是标准正态累积分布函数，d1 和 d2 现在由下式得出

$$d_1 = \frac{\ln(x_t/k) + (r + \sigma^2/2)(T-t)}{\sigma\sqrt{(T-t)}}$$

$$d_2 = d_1 - \sigma\sqrt{(T-t)}$$

这个方程仍然很复杂，但比通过运用显性估计风险价格的方法来估值看跌期权时的方程简单。特别是毕苏期权定价模型没有提及 λ、β 和 r_m。（但是，可以通过计算支付期望推断出估值中隐含的风险价格，并发现 β 值与由毕苏期权定价模型得出的折现支付期望相等。）

将数字代入公式，可以再次得到看跌期权的估值。鉴于之前的假设，该值为 590 万美元。由于采用资本资产定价模型来设定企业价值增长率的期望值，并选择了与 β 相关假设一致的 λ 值，该估值与之前的估值结果相等（见附录中"通过调整风险因子的预期增长率进行估值"）。

欧式看涨期权——第二个例子，假设政府有权利在未来的某一确定日期以固定的金额购买一项特许权资产。现在政府的风险敞口是正向的；政府不会遭受损失，而且还可能获得收益。具体而言，政府在 T 时可以购买这项资产，此时收益 p 为 $p_T = \max\{0, x_T - k\}$，其中 x 是资产的价值，k 是政府购买资产必须支付的金额。

从期权角度分析，政府的这一权利是一个欧式看涨期权，k 是行权价格。可以使用适用于派息股票看涨期权的毕苏期权定价模型的另一个变体，对该欧式看涨期权进行估值。看涨期权的现值由下式给出

$$V = x_t e^{-\delta(T-t)} N(d_1) - k e^{-r(T-t)} N(d_2) \tag{7.17}$$

其中 δ 是其向特许权获得者收取的分红，T 是期权到期的日期。d_1 和 d_2 现为：

$$d_1 = \frac{\ln(x_t/k) + (r - \delta + \sigma^2/2)T}{\sigma\sqrt{T}}$$

$$d_2 = d_1 - \sigma\sqrt{T}$$

要注意的是，该公式忽略了风险的价格：模型中采用的是无风险利率，且不涉及 β 和 λ。这种方法的巧妙之处在于根据潜在风险因子的价值，即本例中的特许权资产的价值估计期权价值。由于资产价值考虑了风险的价格，对购买该资产的权利的估值暗含对风险价格的估计。当然，此方法必须对资产进行估值，但这比估计政府风险担保的价值更简单，通常是可行的。

假设资产的估值为 10 亿美元，且政府拥有在 10 年之后以 15 亿美元购买这项资产的期权，再假设无风险利率为 5%，股息率是 5%，资产价值的波动率是 30%，由公式 7.17 可得该期权的价值约为 1.5 亿美元。

下一章将用类似的方法论述如何对一些汇率风险担保和债务风险担保进行估值。

8

三种风险估值

第五章讨论了汇率风险、企业资不抵债风险和政策风险的分配,本章讨论这三种风险的度量和估值。

8.1 汇率风险

政府为企业的外币债务提供风险担保,使企业免受本币贬值超过某一比例阈值的风险。假设该阈值为10%,那么在外币债务偿还过程中无论本币的贬值程度如何,政府将确保企业不会承担比本币贬值10%更坏的结果。

用 p_T 表示以本币计价的政府履行担保承诺的支付:

$$p_T = \begin{cases} d(x_T - x_0(1+\theta)) & , \quad x_T > x_0(1+\theta) \\ 0 & , \quad \text{其他} \end{cases}$$

其中,d 表示以外币计价的债务偿还额;x 表示汇率,即以本币计的等值外币的价格,x 变大意味着本币贬值,x_0 表示政府提供风险担保时的汇率,x_T 表示偿还外币债务时的汇率;θ 表示本币贬值比例的阈值,贬值比例不超过阈值时,政府无需任何支付。

8.1.1 构建汇率模型

为对政府因提供风险担保而面临的风险进行度量和估值,需要建立汇率过程模型,并考虑趋势和随机性。假设汇率遵循几何布朗运动,如方程7.2、7.3 和 7.4 所示。现以 μ 表示汇率的贬值率的期望值,以 σ 表示汇率的波动性。[①]

估计升值或贬值率的期望值 μ 的一种方法是利用历史汇率值,并假设其历史趋势将继续下去。另一种方法是比较本国和外国的通货膨胀预期并假设贬值率为二者之差,因此可以预期低通货膨胀的货币相对另一货币升值。第三种手段认为预期升值应当反映本国和外国的利率差别,因此,比较两种货币的合理期间的无风险利率并计算差值,就是对本币贬值率的估计:

$$\mu = r - r^* \quad (8.1)$$

其中 r 表示本国无风险利率,r^* 表示国外无风险利率[②]。如果本国利率高于国外利率,则预期 x 将会变大,也就是说会产生本币贬值预期。

通过回顾汇率的历史数据及汇率变动的标准差可以估算汇率波动性。然后通过观察当前汇率并给定 d 和 θ 的值,可以对政府承担的风险进行度量。

根据上文的假设条件,利用公式至少可以计算某些受关注的风险度量指标,而蒙特卡洛模拟则可以估算所有受关注的度量指标。即使可以推导出计算公式,相比之下,蒙特卡洛模拟在实际应用中往往更容易。同时使用这两种估计方法可以起到相互检验的作用。在既定假设条件下,运用公式法应当得出精确结果;但是如果蒙特卡洛模拟得出截然不同的结果,就表明公式法可能是错误的。如果通过蒙特卡洛模拟和公式法得出的结果大致相同,则更有信心认为公式是正确的,而且被正确的用到了电子表格当中。

8.1.2 汇率风险敞口度量

假设政府为 1 亿美元的 5 年还本付息债务提供风险担保。以比索作为本币为例,假设当前比索对美元的汇率是 1∶1,阈值 θ 设为 20%,如果

---

① 也可以在研究中考虑其它更加复杂的手段:比如假设汇率随时间而波动,在较长的时间会有向均值回归的特性(Jorion (1988)、Jorion 和 Sweeney (1996)、Rogoff (1996)、M. Taylor (1995)、A. Taylor 和 M. Taylor (2004))。

② 注意:由于存在政府信用风险,真正意义上的无风险利率是不存在的。为了避免估计偏差,应当保证两种利率有同等程度的信用风险。如果一国政府同时借入本币和外币,那么可以用这两类借款的利率对 r 和 r^* 进行估计。

比索贬值超过20%即汇率大于1.2∶1，政府风险担保就会生效。假设美元的无风险利率是每年5%，比索的无风险利率是8%，并假设汇率年波动量为10%。

政府的最小支付是0，比索的贬值率在20%以内时，政府支付都是0。以比索计价的政府最大支付没有上限，因为虽然政府的支付额不会超过1亿美元，但可能需要用不计其数的比索来兑换美元。

图8.1是通过蒙特卡洛模拟绘制的政府支付的概率分布。可以看出，政府支付为0是最普遍的现象，占所有模拟结果的60%；0到1千万比索发生概率为13%；根据该模拟，期望支付金额是876万比索。

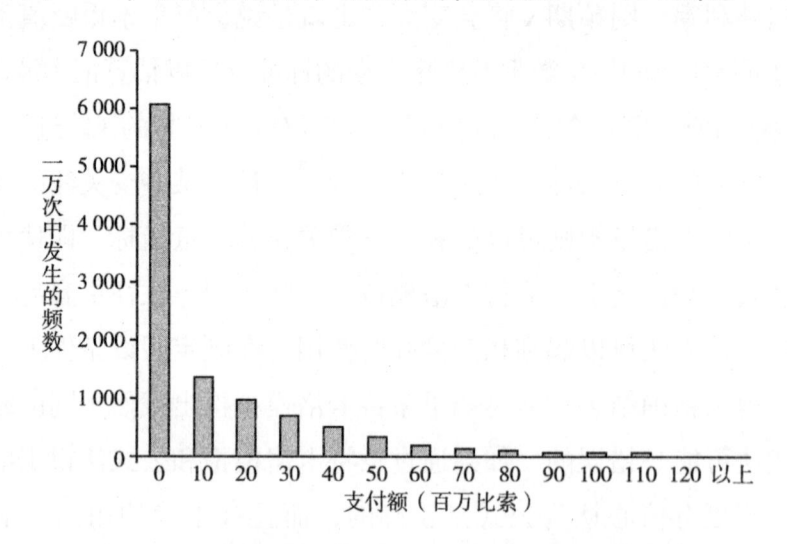

图8.1 政府提供汇率风险担保时可能支付的柱状图

来源：作者计算。

注：左起的第一个柱形代表政府支付为0的频数，第二个代表政府支付0−1千万比索的频数，第三个代表政府支付1千万−2千万比索的频数，以此类推。

公式法同样可以计算期望支付，假定汇率遵循几何布朗运动，汇率在T时的期望值是$x_0 \exp((r-r^*)T)$，如果使$k = x_0(1+\theta)$，则T时政府支付额为

$$p_T = \max\{0, dx_T - dk\} = d\max\{0, x_T - k\} \tag{8.2}$$

政府为担保的每1美元债务的期望支付为$E(\max\{0, x_T - k\})$。只要用$r - r^*$代替μ，就可以代入方程7.5来计算。在该假设条件下可以算得

政府支付的期望值为871万比索，由此可见蒙特卡洛模拟得出的估计结果略高。

蒙特卡洛模拟本身可以估计模拟的粗糙度，其标准误 se 可以计算如下：

$$se = N^{-1/2}\hat{\sigma} \tag{8.3}$$

其中，N 表示试验数量（此处试验了 10 000 次）；$\hat{\sigma}$ 表示政府支付的样本标准差，计算方法如下：

$$\hat{\sigma} = (N-1)^{-1}\sum_{i=1}^{N}(x_i - \bar{x})^2$$

其中 x_i 表示单个样本的值，$\bar{x}$ 表示蒙特卡洛模拟得出的平均值。

代入数据算得，蒙特卡洛模拟得出的期望支付的标准误是16。期望支付的估计结果应当大致服从正态分布，平均值应当等于真实平均值即871万比索，标准差为16。如果假设正确，则说明在95%的置信区间下，估计结果会在真实平均值±32（16×2）的范围内。所以，不应该将政府期望支付表示为876万比索，而是应该表示为约900万比索，或用区间表达方式，如850万到900万比索之间。

通过增加样本量，可以提高蒙特卡洛模拟的精度。方程8.3显示了标准误与样本量之间的关系：标准误与样本量的平方根成反比。因此采用10万的样本量，在同样95%的置信区间下，标准误可以降低至原来的 $1/\sqrt{10}$。

以上分析均基于之前所做假设和95%的置信水平，这些限定条件是非常重要的。基于之前所做的假设，通过增加模拟次数，可以将估计的精确度提高到一个合理水平。但是由于所做的假设（比如汇率服从的随机过程和该过程的一些参数）存在偏差，蒙特卡洛模拟的结果必然存在误差，并且由假设引起的误差常常要大于在蒙特卡洛模拟中近似过程所带来的误差。因此置信区间只是不确定性估计的最小值表示。

蒙特卡洛模拟也可以用来测算风险的其他度量指标。根据模拟结果，在99%置信区间下，在险现金流约为7千万比索，支付金额超过1亿比索的估计概率为0.2%。

8.1.3 汇率风险敞口估值

为对汇率风险担保的风险敞口进行估值，可以简单的对期望支付的估计值（876万比索）按照当地无风险利率（8%）进行五年期折现，现值为590万美元（$876 \times \exp(-0.08 \times 5)$）。

还可以运用毕苏期权定价模型的变体进行估值（Garman 和 Kohlhagen（1983）；Hull（2003））。为此，可将政府支付的现金流结构看作看跌期权的现金流结构（如方程8.2所示），即政府风险担保可以看作政府卖空数量为 d 的看涨期权，该期权以外汇为标的物，行权价格为 k。

第七章"风险敞口估值"一节介绍了假设股票将连续支付股息且因此其预期的股价上涨率将减小时，如何对该股票的期权进行估值（方程7.17）。同样，可以通过假设利息支出减小预期升值率，对外汇期权进行估值。事实上，如方程（8.1）所示，经风险调整的外汇价格（以本币表示）的预期升值率等于本地无风险利率减去外国无风险利率。因此，如果用 r* 代替方程（7.17）中的 δ，就可用该方程对汇率风险担保进行估值。

应用这种方法，如果政府对1亿美元的债务提供汇率风险担保，那么该担保的估值为580万比索（略低于蒙特卡洛模拟结果，原因是蒙特卡洛模拟的估计略高）。

8.2 企业资不抵债风险

在考虑企业资不抵债风险分配以及如何防止或减少不恰当地将该风险分配给政府和用户时，掌握风险规模和相关的风险转移情况是有意义的。这里针对显性或隐性债务风险担保、长期购电协议风险担保，提出一些分析方法。

8.2.1 债务风险担保

第五章指出，企业资不抵债风险取决于企业价值的不确定性和企业的杠杆水平。度量资不抵债风险并估值的一种途径就是围绕这两点进行分析

(Black 和 Scholes 1973)。[1] 假设企业向债权人和股东融资，企业价值 x 服从几何布朗运动，如方程 7.2、7.3 和 7.4 所示，此处的 μ 是指企业的资产价值的预期增长率，σ 是指增长率的波动性。

企业资产价值的预期增长率是指，假设不给资本提供者现金回报条件下的资产预期收益率。上述参数的估计是可获得的，即便不可获得，也很容易计算出来。由于 x 是指企业的实际价值，而不仅仅是账面估计，因此预计的价值上涨比例 μ 通常等于该企业的估计资本成本减去现金收益率，它可以通过资本资产定价模型（公式 7.10）来估计。

人们对收益的波动性不太熟悉，它一方面取决于项目总价值风险的规模，而这又取决于需求、建设成本和运营成本等风险因子；另一方面取决于企业和其他利益相关方之间对于项目总价值风险的分担——例如，定价规则是否会导致价格在成本和需求变化时相应发生变化。此外，波动性也取决于可分配风险的规模，特别是定价规则是否会得到严格执行。

假设企业获得了由政府提供风险担保的贷款。具体地说，假设该企业的初始价值是 1 亿美元，贷款是 6 660 万美元，一年后偿还。虽然这使得该企业的杠杆率很高，但对于采用项目融资方式的基础设施企业来说这是很常见的。[2] 假设一年期贷款的无风险利率是 5%，并且按照连续复利计算。当有了政府风险担保以后，企业只需按照无风险利率支付债务的利息（假设政府不履行担保的几率与其对本身债务违约的几率相等）。所以一年后企业必须还款且由政府风险担保的还款金额为 7 000 万美元（$6\,660 \times \exp(0.05 \times 1)$）。

假设企业是否偿还债务只取决于其资产在一年后的价值，且企业到时是有偿还能力的，即该企业资产价值超过其债务的价值，且可以借入新的贷款来偿还原有贷款。那么，如果企业的资产超过负债，企业就可以全额还款；如果资产少于负债，企业实际上向债权人支付全部资产价值。而政

---

[1] 另一种途径是建立一个有缺省值的统计模型，该模型不对企业资产和负债方面的缺省值进行说明（Duffie 和 Singleton 2003；Hull 2003，第 26 和 27 章）。债务风险担保的估值也可见 Baldwin、Lessard 和 Mason (1983)；Chen、Chen 和 Sears (1986)；Jones 和 Mason (1980)；Merton (1977)；Mody 和 Patro (1996)；Sosin (1980)。

[2] 关于基础设施项目中典型的杠杆操作的信息，参见 Correia da Silva、Estache 和 Järvelä (2004)；Ehrhardt 和 Irwin (2004)。

府支付的金额等于企业债务与资产价值之间的差额。具体而言，政府的到期支付额为公式8.4。

$$\max\{0, k - x_T\} \tag{8.4}$$

其中 k 等于企业所需支付的债务（7 000 万美元），x_T 是债务到期时间 $T=1$ 时的企业价值。

度量——基于债务风险担保的性质和对企业价值如何变化的假设，可以度量并评估政府做出此项担保所承担的风险。

公式8.4给出了政府的支付金额，通过该公式可以确定支付的下限和上限。下限是0。上限是 k，即所需的全部还款金额（7 000 万美元），此时该企业的资产价值为零。

与汇率风险担保一样，可以用公式推导出一些其他的度量指标，并进行估值，但蒙特卡洛模拟是计算其他指标中最简单的（也许是唯一的）方法。如前所述，蒙特卡洛模拟还有助于检查是否正确地使用了公式。对于复杂的债务风险担保问题，可能所有的估计都要运用蒙特卡洛模拟。

如同分析收入和汇率风险担保一样，先对关注的风险因子（这里是指企业价值）进行大量取样。要做到这一点，需要估计几何布朗运动的参数 μ 和 σ，即企业资产的预期收益率及收益的波动性。假设金融分析师对收益率的期望值有一个足够可靠的估值，在此假定为10%。

对波动性的估计可能难以取得。如果企业的股票在证券交易所上市数年，可以测算企业股权价值的波动性。然后，根据企业的杠杆情况，可以推断出该企业价值波动性的估计值。[1] 否则，最好的选择可能是采用存在类似风险的上市公司的股权价值波动性的估计值。其难点在于判断风险的

---

[1] 股权价值波动性的估计方法及相关数据，见 Aswath Damodaran 的网页（http://pages.stern.nyu.edu/~adamodar/）。Damodaran 指出，企业资产的波动性 σ_f 是由以下公式得出的：

$$\sigma_f = \sqrt{\left(\frac{D}{V}\right)^2 \sigma_d^2 + \left(\frac{E}{V}\right)^2 \sigma_e^2 + 2\frac{DE}{V^2}\rho\sigma_d\sigma_e}$$

其中 D 是债务价值，E 是股权价值，V 是企业价值，σ_d 是企业债务波动性，σ_e 是企业股权波动性，ρ 是债务回报和股权回报的相关系数。参数 σ_e 可取得。但 σ_d 和 ρ 通常难以取得，Damodaran 建议以 $1/3\sigma_e$ 和 0.3 进行估计。

相似性，因此，在最理想的情况下也只能对波动性进行粗略的估计，这总比没有的好。在此假定波动性的估计值为30%。

基于这些假设和方程7.3，可以模拟一年后的企业价值，并且估算企业价值小于债务偿还额（0.7亿美元）的概率。在此基础上运用方程8.4可以得出政府因担保而应支付的估计值。

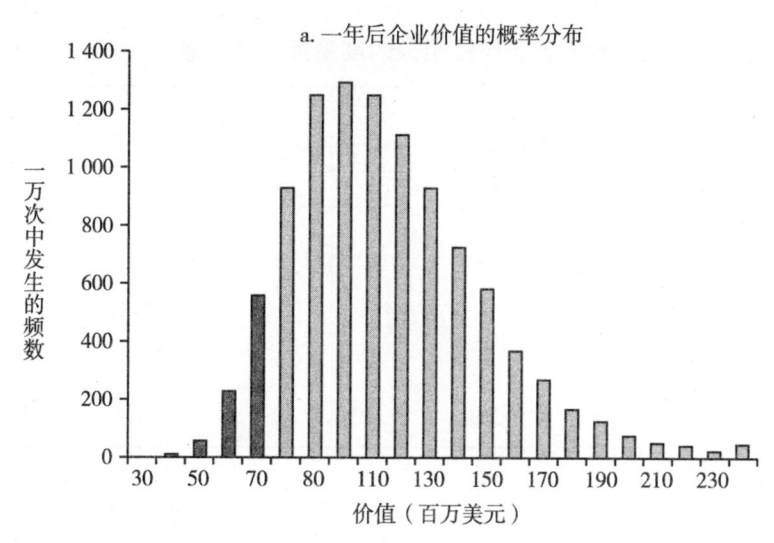

a. 一年后企业价值的概率分布

b. 一年后政府担保支付额的概率分布

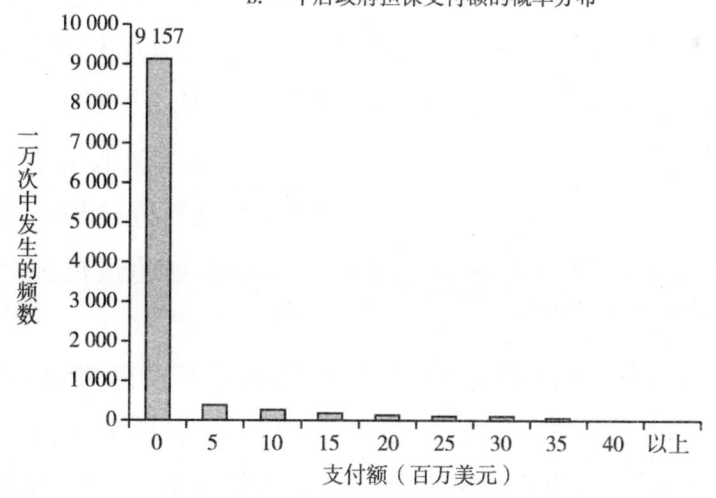

图8.2 企业价值和政府担保支付额的概率分布

来源：作者计算。

注：图a是关于企业价值的柱状图。第一个柱形表示低于3千万美元的估值，第二个表示3千万至4千万美元之间的估值，依次类推。颜色较深的柱显示了低于企业必需债务偿付（即7千万美元）的估值。在图b中，第一个柱形表示政府支付为0时的频数（概率），第二个表示政府支付在0至500万美元之间的频数（概率），依次类推。

图 8.2 – b 表明，企业有能力偿还其债务的概率约为 92%（政府在 10 000 次试验中有 9 157 次无需支付），也就是说，企业破产的概率约为 8%。政府的期望支付是 72 万美元，但考虑到估计中的近似处理，将其四舍五入到 70 万美元。政府承担债务担保风险的其他度量指标值如表 8.1 所示。

表 8.1　　　　　　政府债务风险担保的度量指标值汇总

度量指标	金额（单位：百万美元）
最小支付	0.0
最大支付	70.0
期望值	0.7
发生支付的概率	8%
99% 置信水平下的在险现金流	17.1

来源：作者计算。

可以将表 8.1 中的一些度量指标值对照公式法的结果进行检验。期望支付计为 $E(\max\{0, k-x_T\})$，可以用方程式 7.5 进行计算。在这种情况下，取 $x_0 = 100$、$k = 70$、$\mu = 0.1$、$\sigma = 0.3$、$T = 1$，得出 $t = 0$ 时期望支付是 73 万美元。可见，蒙特卡洛模拟略微低估了支付。然而，因不知道真正的随机过程（几何布朗运动或其他过程）及其参数（预期收益和波动）而产生的不确定性，可能远远超过模拟产生的不确定性。

估值——若忽略承担风险的代价，可以用无风险利率（假定为 5%）折现期望支付（73 万美元），并由此对政府债务风险担保进行估值。该值为 69 万美元，或者四舍五入为 70 万美元。也可以很容易地应用期权定价方法，将包含的显性或隐性风险代价考虑到企业价值估计中。

政府支付的结构与欧式看跌期权的签出者的支付结构相同。其实际上是政府卖空一个以企业价值为标的物，行权价格为还本付息金额，行权日为债务到期日的欧式看跌期权。因此，可以使用公式 7.16 给出的对欧式看跌期权估值的毕苏期权定价模型，对政府的债务风险担保估值。注意这个公式与估计期望支付公式的相似性：不同点在于此公式采用无风险利率进行折现，并且假设企业价值预期以无风险利率增长。

根据例子中设定的参数，债务风险担保的估值是 98 万美元。由于现在加入了风险溢价，因此这个估计值比用无风险利率折现期望支付得到的值更高。这项看跌期权使政府承担了成本高昂的风险，而期权定价方法的估值反映了这项成本。

政府提供债务风险担保的成本随企业的资不抵债风险进行变化。因此，它会受到企业的价值波动和杠杆率的影响（图 8.3）。低波动性和低杠杆率使得担保成本低廉，高波动性和高杠杆率则使其高昂。

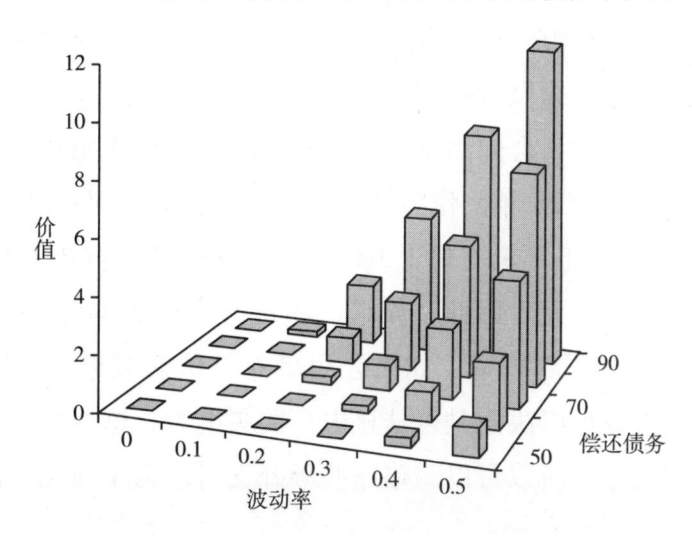

图 8.3　债务风险担保价值是杠杆和波动性的应变量的函数

来源：作者计算。

以上说明了对显性的政府风险担保的估值。用同样的估算方法也可以给出隐性的政府风险担保和用户担保的估值思路。如果用户担保和显性的政府风险担保一样是确定的，那么就一样可以被估值。隐性的政府风险担保也一样。然而隐性风险担保通常是不牢固的，实际上它并不是严格意义上的风险担保。政府也许可以援助企业，但并非一定要这么做。因此也可以得出这样的结论,即对显性的政府风险担保的估值给出了政府责任的上限值。

8.2.2 公用事业长期购买合同的政府风险担保

在电力部门和水务部门,政府有时会对国有公用事业单位的购买责任提供风险担保(见第五章)。例如,某公用事业单位与一个社会资本电力企业签订合同,要求该企业建设一座发电厂,并在电厂的生命周期内提供一定数量的电力。作为交换,该公用事业单位将承诺只要电力可用,无论它是否买电,都将支付一定金额的款项。比如合同可能会约定只要该电厂正常运行,即使共公用事业单位不买电,企业每月就可以获得一定金额的收入。如果政府要求额外的电力,则需要支付额外的资金,用以覆盖电力企业发电的可变成本,包括电厂运行所需的燃料成本。在发展中国家,这种合同是很常见的,由于公用事业单位通常信用欠佳,政府通常会为公用事业单位的购买义务提供风险担保。

具体来说,假设该合同约定电力企业建造一座100兆瓦的发电厂,投资1亿美元并要运行20年。作为交换,公用事业单位同意只要电力可用,就会在20年里的每年年末支付1 340万美元。这些支付按12%的折现率计算得到现值1亿美元。因此,如果该项目的资金成本为12%,20年的支付正好覆盖发电厂的投资。如果公用事业单位购买电力,则需额外支付,但该公用事业可以决定是否从该电厂购买电力,这些额外支付并非公用事业单位的义务。所以可以忽略这些额外支付。为了简化,假设发电厂一直正常运行。

这样一座电厂可以说是社会资本融资建成的,因为建设电厂所需资金来自于电力企业资本金和债务资金。但是,在这个合同里,公用事业单位的权利和义务与它自己融资建设电厂产生的权利和义务是类似的。例如,公用事业单位可以贷款1亿美元,并分别与负责建设和运营的两家企业签订合同,分20年在每年年末还贷1 340万美元。在这两种情况下,公用事业单位都有权决定是否使用电厂发的电力,同时,只要电厂正常运行,它都必须在每年年末支付 1 340 万美元。①

当公用事业单位是电厂的法定所有人并以自身名义签订借款合同时，其权利和义务与其在长期购买协议中的权利义务不同。特别是它的还贷义务不再取决于电厂是否可用。但是，在电力购买协议存在的情况下，可以合理的将公用事业单位的义务看作是负债，并将其对应的购买电力的权利作为资产。

政府应如何分析、度量其义务并进行估值？这里考虑两种做法，一种是把公用事业单位的义务作为政府的义务，另一种是将其与政府义务分开处理。

合并处理——国有公用事业单位在法律上独立于政府，其债务并不是政府的债务。然而，政府却很少允许公用事业单位破产，也很少让债权人接管。只要政府有偿付能力，通常都会介入以确保公用事业单位能够偿还债务，包括普通债务以及任何长期购买协议中的债务。因此，分析公用事业单位的债务时，将公用事业单位视为政府的一部分有其合理之处。

在会计核算方面，这一做法相当于将公用事业单位的账户与政府的账户合并。这意味着把其资产和负债作为政府的资产和负债。如果把电力购买协议带来的权利和义务视为公用事业单位的资产和负债，则意味着将这些权利和义务视为政府的资产和负债。②

这简化了对政府风险担保的分析。事实上，这会使风险担保失去意

---

① 一些分析师将这种合同视为创造债务。Standard 和 Poor (2003) 指出 "这种合同作为一种长期融资，在计算…总债务时，增加了合同中经风险调整的固定支出的净现值 (NPV)。" 在对财务报表的分析中也可以探讨长期购买协议的两种特殊类型。White、Sondhi 和 Fried (1998, 548) 指出，"照付不议合同和输送量协议有效地将部分经营性资产和债务排除在资产负债表之外，分析师应该在资产和负债中都加入最小未来承诺的现值。"

② 假设政府与企业们签订合同来建设和运营电厂。如果因为建设企业或运营企业的疏忽导致不能提供电力，政府很可能从该企业取得损害赔偿，这会冲减其债务清偿义务。与政府融资项目（建设及运营承包给不同企业）相比，典型的购电合同的一个优势是政府不需要操心问题（如果存在的话）在于建设承包商还是运营企业。更一般地说，购电合同可以帮助政府在运营成本和建设成本之间进行权衡。Quiggin (2004) 讨论了政府何时应与单一而不是两家公司签订建设和运营合同。

义。如果在分析中将公用事业单位的债务看作是政府的债务，那么风险担保没有增加政府的债务。政府的风险是合并公用事业单位的资产和负债后（包括实际上按照购买协议购买了电力并为此进行了额外支付）的风险。这些风险是不容忽视的，但与政府在其他业务中所承担的风险一样，因此不需要对此进行任何特别的分析。

不合并处理——对于电力购买义务的合并处理是简单且现实的。一个政府如果采取这种方式，那么所有被担保的事项都成了政府的职责。然而，大多数政府并没有将公用事业单位合并到政府账户中，而是两者的债务分开处理。这时政府不对公用事业单位的所有义务进行担保，也不想表现出会这样做的可能。不妨分析一个没有将"子公司"（公用事业）并入"母公司"（政府）账户的案例，如果政府真的会让公用事业单位在没有任何显性风险担保的情况下破产，对风险担保进行独立分析是更好的并且是必要的。[1]

基于前述原因，政府对公用事业单位购买电力的风险担保可以作为一种债务风险担保来分析。为了便于分析，可以认为该风险担保实际上是20个独立的风险担保，每一个都对应于公用事业单位20年中的每年付款义务。然后，可以应用上文提到的方法，度量和估值政府由于债务风险担保而承担的风险。

这一方法不会对企业的现金流进行建模，而仅用企业的价值进行估算；它假设当企业的价值低于负债时会发生违约。另一种手段是通过对债务支付和能够用来履行这些支付的现金流进行建模。假设债务现金流（电力购买债务下的可用性支付）是固定的，那么只需找出可用于支付这些债务的现金流所服从的随机过程，就可进行建模。

这个模型可能是复杂的，类似于公用事业单位的标准确定性财务模型，包含许多随机变量，如价格、需求、成本、其他债务支付等等。虽然这样的分析是有用的，但为了与迄今为止已经采取的方法保持一致，可以

---

[1] Merton 和 Bodie（1992，101）认为，政府用非合并报表的方式管理国有企业时，仍可以出具合并处理的分析报告供外部使用。

采取一个更简单的模型。这个简单模型将所有不确定性的来源转化为两个直接产生影响的风险因子——现金收入和付现运营成本,两者之差即为可用于偿还债务的现金额。

同时,在选择这些现金流的随机模型时,可以考虑现金流的决定因素。价格管制是否意味着现金流是均值回归的?也就是说,是不是当现金流小的时候,价格会逐步升高,而现金流大的时候,价格会逐步降低?如果是这样的话,可以选择均值回归随机过程来体现现金收入和付现运营成本之差(见下面的"政策风险")。将影响运营现金流的基础因素纳入考虑范围之中,也有助于确定随机过程中的参数,例如几何布朗运动的 μ 和 σ。

具体地说,假设公用事业单位没有其他债务,因此,所有的运营现金流(现金收入减去付现经营成本)都可以用来支付电力购买协议约定的支出。再假设现金收入和付现运营成本的历史数据表明没有理由选择比几何布朗运动更为复杂的随机过程。那么,可以用现金收入和付现运营成本的独立的几何布朗运动过程之间的差值(该差值并不必然遵循几何布朗运动),模拟出运营现金流。

假设现金收入和经营成本都有随通货膨胀增加的趋势,通货膨胀率预计为3%,且这两个过程的波动性估计都是15%。上一年度的运营现金流为1 500万美元,仅略高于下一年必需的可用性支付(1 340万美元)。如果假定政府支付等于公用事业单位运营现金流减去必需的可用性支付,则可以使用蒙特卡洛模拟来估计政府支付的频率分布。图8.4显示了两条可能的路径。

基于这一分析,可以继续估计每年政府支付的概率分布,并据此计算期望支付、在险现金流和其他受关注的度量指标。可以用无风险利率对期望支付进行折现来对该风险担保进行估值。或者,可以估计承担运营现金流风险的价格,其方法类似于第七章中"风险敞口估值"一节使用的收入风险担保估值方法,即估计运营现金流和市场收益之间的相关性,以及运营现金流风险的 λ 值。

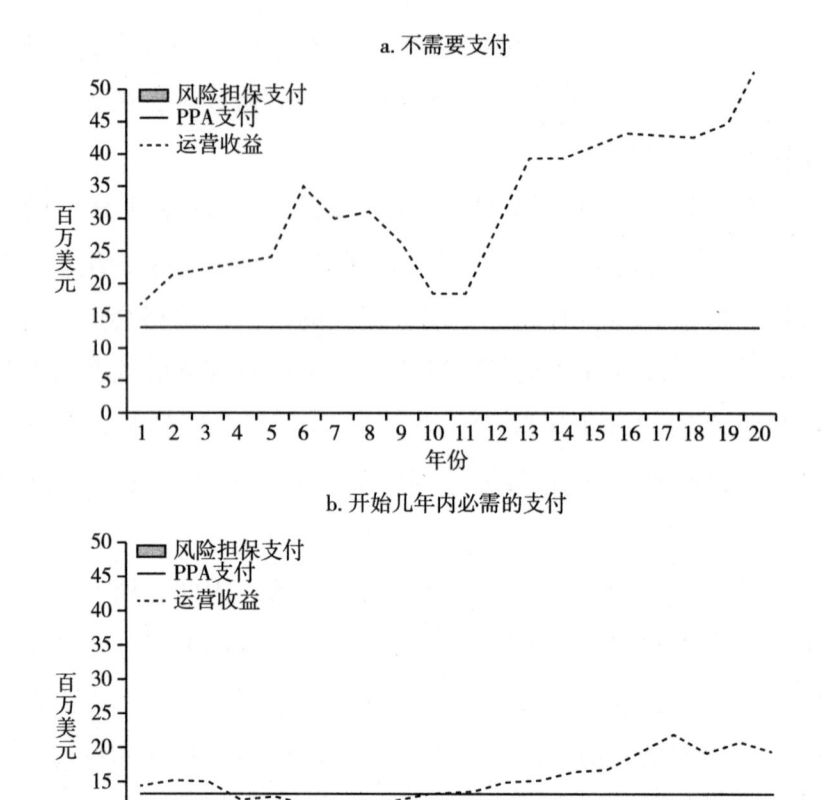

图 8.4　PPA 风险担保下的运营现金流和政府支付的可能路径

来源：作者计算。

注：PPA 指电力购买协议。

8.3　政策风险

政策风险是一个相当不同的问题。承担政策风险是有财政成本的，因为如果政府承担政策风险，改变政策时就必须进行补偿，如第五章中新加坡和马来西亚的例子。政府在同意承担政策风险之前，应该进行风险度量和估值。[1]

---

[1]　人们往往会低估自己所面临的下行风险，而当自己对风险有一定的控制时，低估的幅度会增大（Weinstein 1989、Zeckhauser 和 Viscusi 1990）。

8.3.1 政府应该评估其政策风险敞口吗？

政府可以评估政策风险，但是否应该评估尚未明晰。政策风险的特别之处在于政府可以控制政策风险，并决定是否承担财政成本。政府可能不得不面临左右为难的情况（例如失去在投资者或者消费者中的信誉），但决定权还是在政府。相比之下，之前讨论过的其他风险因子有时也会受政府影响，但从不受政府控制。

由政府风险担保带来的债务有时被称为或有负债。或有负债的会计学定义说明了政策风险和其他风险的区别。在第六章中"根据现代会计准则进行报告"引用了国际会计准则理事会对或有负债的定义，其中一点为"其存在仅通过不完全由企业控制的一个或数个不确定未来事项的发生或不发生予以证实"（国际会计准则理事会，2004）。[①] 因此，从会计角度看，政策风险并不为政府带来或有负债。

而且，政府有无数种因为改变自身行为而负担成本的做法。政府签订每一个劳务合同、采购合同和销售合同，都存在政府违反合同并被法院要求赔偿损失的可能。甚至在没有合同的情况下，也存在政府疏忽大意而产生财政风险的可能性。然而度量所有这些风险并进行估值是不可能的。可能部分因为这些原因，哥伦比亚政府（一般要求政府的或有合同债务必须被量化）将有关价格和补贴的法规变动作为例外（哥伦比亚政府国家规划部，2001b），不需要量化。[②]

但是，如果政府认为其可能出于压力而违背重大承诺，则希望提前知道支付的预期值。就算政府不想对所承担的政策风险进行估算，投资者、信用评级分析师等也会自行估算。因此，这里分析两种政策风险的度量和估值：征用风险和价格控制风险。一个前提假设是，政府不会公布对政策风险的分析结果。

[①] Bedford 和 Cooke（2001）也指出，人们无法度量与自身行为相关的不确定性。

[②] 但是，Foster 和 Hendrick（2004）认为这一例外规定是因为度量这些负债存在困难，并指出哥伦比亚政府将"不可予以保险的不可抗力"和特许经营合同提前终止相关的负债也作为例外而不予量化。

8.3.2 征用风险

产生支付的原因之一是对征用进行补偿。目前，至少是在纸面上，总是由政府根据合同或法律（例如宪法或国际条约）的规定承担这一风险。征用风险可以被视为，因政府是否会征用企业资产的不确定性导致的价值分配的不可预知变动。正如其他政策风险一样，如果确定由政府承担该风险，则不能再称之为风险。因为如果政府确实打算承担该风险，就必须对被征用企业的股东和债权人进行补偿，因而股东和债权人并没有损失。

同样的，如果补偿是公允的，也就是说，补偿等于被征用资产的价值，政府在征用资产时既没有收益也没有损失。但是政府会担心现金流风险，因为政府虽然得到了企业，却不一定获得现金或流动性资产用以支付补偿。（基础设施投资人进行分析时可能倾向假设补偿低于公允值）。

如何度量现金流风险？方法之一是假设征用的时间选择服从指数分布。这意味着一定会征用，唯一的问题是何时征用。可能一百年都不征用，但总有一天会征用。服从指数分布的随机变量 t 的概率分布函数为[1]：

$$f(t) = \begin{cases} \alpha e^{-\alpha t}, & t > 0 \\ 0, & \text{其他} \end{cases}$$

其中，α 是一个大于 0 的参数。随机变量 t 一般是以年为单位计算的某一事物的存续期或其终止日期，此处可以被视为社会资本所有权的存续期或者是征用日期。

假设 t 大于 0，指数函数的累积分布函数如下所示：

$$F(t) = \int_{s=0}^{s=t} f(s)ds = \int_{s=0}^{s=t} \alpha e^{-\alpha s}ds = 1 - e^{-\alpha t}$$

危险函数，即直到 t 时刻才对社会资本所有权进行征用的概率，定义为：

---

[1] 案例参见 DeGroot 和 Schervish (2002, 298)。

$$h(t) = \frac{f(t)}{1 - F(t)}$$

对于指数分布,危险率是恒定的且等于 α:

$$h(t) = \frac{\alpha e^{-\alpha t}}{1 - (1 - e^{-\alpha t})} = \alpha$$

假设政府在征用的同时必须支付 V,为了简化,假设 V 是企业的恒定价值。则经无风险利率 r 折现的政府期望支付为:

$$\int_0^\infty V e^{-rt} f(t) dt = \alpha V \int_0^\infty e^{-(\alpha + r)t} dt = \frac{\alpha V}{\alpha + r}$$

为了进一步说明,假设企业的价值是 10 亿美元,无风险利率是 10%,征用的危险率是 5%。也就是说,在任意给定的一年,政府征用的概率是 5%(假设还没有征用)。在不考虑风险溢价的前提下,将数字代入上述方程,得出政府承担风险的价值是 3.33 亿美元。

8.3.3 价格管制风险

假设政府同意在通货膨胀时提高管制价格,在提价失败时补偿企业,并假设必要补偿额等于企业收入损失额。下面介绍如何对政府的可能支付进行建模和如何估值。

手段之一是假设存在一个可能由货币幻觉或其他原因导致的政治可接受的最大名义价格上涨(Shafir、Diamond 和 Tversky 1997),同时假设即使仅仅是为了维持实际价格不变,更高的提价也会遭到强力反对。出于对反对的担心,政府不会让价格上涨超过最大接受值,但必须向企业支付相应的补偿,以弥补合同约定收入和实际收入的差距。简单来说,可以假定企业的销量是恒定的,所以唯一的变量是价格。假定政府可以在最大政治可接受的价格上涨率范围内提高名义价格,直到名义价格的上涨达到合同约定。

假定合同约定的不考虑物价因素的价格 P^c 是常量:

$$P_t^c = P_{t-1}^c (1 + x_{t-1})$$

x 是通货膨胀率，价格 P^a 取决于最大政治可接受的上涨 $\hat{x}$：

$$P_t^a = \begin{cases} P_{t-1}^a(1+\min(x_{t-1},\hat{x})) & \text{, 如果 } P_{t-1}^a = P_{t-1}^c \\ \min(P_t^c, P_{t-1}^a(1+\hat{x})) & \text{, 如果 } P_{t-1}^a < P_{t-1}^c \end{cases}$$

这里的风险因子是通货膨胀率。如何对其进行建模？可能方法之一是假定它遵从均值回归过程，例如下文提到的 Ornstein-Uhlenbeck 过程（Dixit 和 Pindyck 1994，第三章）：

$$dx = \eta(\bar{x} - x)dt + \sigma dz$$

$\bar{x}$ 是通货膨胀倾向回归的趋势水平，η 是在 0 到 1 之间取值的一个参数，并决定了回归到 $\bar{x}$ 的速度。这个过程是下面这个离散过程的极限情况，并可以通过电子表格软件进行计算（Dixit 和 Pindyck 1994，76）：

$$x_t = \bar{x}(1 - e^{-\eta}) + x_{t-1}e^{-\eta} + \sigma z_t$$

现在可以用蒙特卡洛模拟估计政府支付。假设初始价格是 10 美元，企业一年可以卖 1 000 万件（与价格无关）。因此合同可以保证企业年收入为 1 亿美元。假设通货膨胀率无论是当前值还是长期平均值都为 10%，最大政治可接受的名义价格上涨为 15%，并且 $\eta = 0.5$，$\sigma = 0.03$。

图 8.5 展示了合同约定价格和真实价格的可能路径。在这次试验中，通货膨胀率直到 3 年后才超过 15%。政府不允许合同约定价格增长，所以必须进行补偿。经过 5 年，最大可能价格上涨才追平通货膨胀率，实际价格回归到合同约定价格。期间政府一直给予企业补偿。此后，通货膨胀率始终保持在 10% 以下，同时也无需补偿。

如果收集很多这样的结果作为样本，可以估计政府支付的概率分布情况。

简单起见，忽略任何通货膨胀相关的风险溢价，同时，假设名义无风险利率为 10% 不变。然后，取样本量 10 万，得到政府的定价风险担保的估计值为 350 万美元，柱状图如图 8.6 所示，该图表明支付超过 350 万美元为小概率事件。

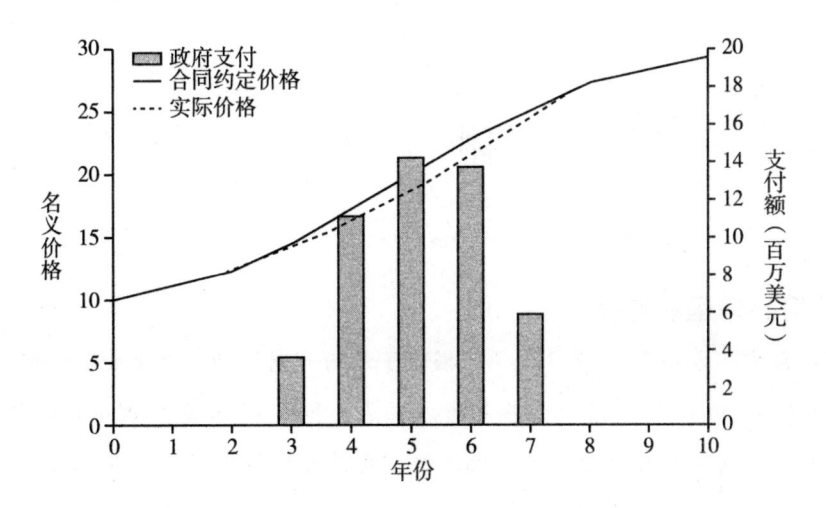

图8.5　合同约定价格和实际价格及由此产生的政府补偿：一次试验

来源：作者计算。

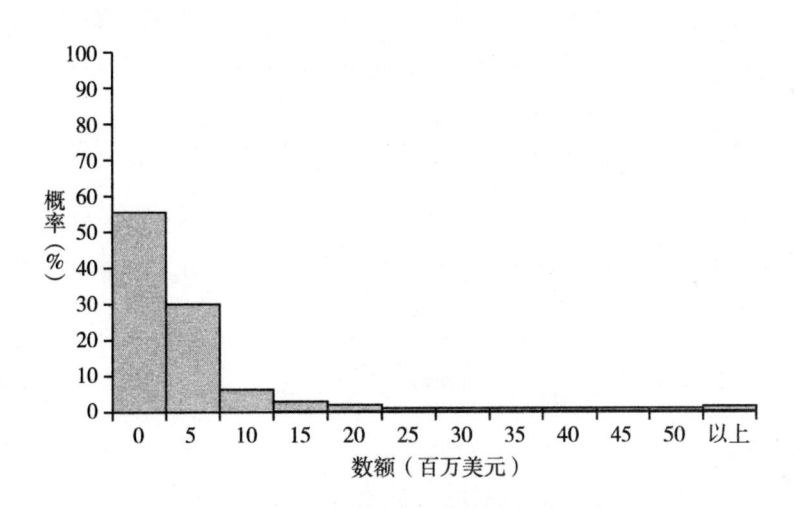

图8.6　定价可能值的相对频率分布

来源：作者计算。

注：横轴每格代表500万美元的跨度。第一个柱形显示了政府支付为0的情况，第二个柱形显示了政府支付在0到500万美元之间的情况，第三个柱形显示了政府支付在1 000万到1 500万美元之间的情况，依次类推。

附　录

几何布朗运动方程

第七章中，方程 7.2、7.3 和 7.4 描述了几何布朗运动，这里展示如何通过伊藤引理（Itô's Lemma）从方程 7.2 推导出方程 7.3 和 7.4。伊藤引理适用于伊藤过程，即包含几何布朗运动在内的一类随机过程。变量 x 遵循伊藤过程变化，按如下公式表示：

$$dx = a(x,t)dt + b(x,t)\sqrt{dt}z$$

其中 a 和 b 是关于变量 x 和 t 的函数。伊藤引理可以表述为：如果 x 服从伊藤过程，v 是关于 x 和 t 的函数，则变量 v 的变化服从以下规律[①]：

$$dv = \left(\frac{\partial v}{\partial t} + a(x,t)\frac{\partial v}{\partial x} + \frac{b(x,t)^2}{2}\frac{\partial^2 v}{\partial x^2}\right)dt + b(x,t)\frac{\partial v}{\partial x}\sqrt{dt}z \quad (A.1)$$

若 x 服从如公式 7.2 所示的几何布朗运动，且 $a(x,t) = \mu x$，$b(x,t) = \sigma x$。如果设 $v = \ln x$，则 $\partial v/\partial x = 1/x$，$\partial^2 v/\partial x^2 = 1/-x^2$，$\partial v/\partial t = 0$。应用伊藤引理，可以得到：

$$d\ln x = \left(\mu x \frac{1}{x} + \frac{(\sigma x)^2}{2}\frac{(-1)}{x^2}\right)dt + \sigma x \frac{1}{x}\sqrt{dt}z$$

或者

$$d\ln x = \left(\mu - \frac{\sigma^2}{2}\right)dt + \sigma\sqrt{dt}z$$

对 $dt = 1$，则有

$$\ln x_t - \ln x_{t-1} = \left(\mu - \frac{\sigma^2}{2}\right) + \sigma z$$

如果在这个方程两边同时增加 $\ln x_{t-1}$，然后将两边指数化，可以得到方程 7.3。如果使 $dt = t$，经过相同的步骤，可以得到方程 7.4。

[①] 更多关于伊藤引理的内容，可以参见 Dixit 和 Pindyck（1994，第 3 章）以及 Hull（2003，第 11 章）。

指数函数的期望值

在公式 7.7 补贴支付的期望值计算中利用了如下定理：如果变量 x 服从正态分布，那么

$$E(e^x) = e^{E(x)+\text{var}(x)/2}$$

公式 7.6 中的指数期望值的计算如下：

$$E\left(\left(\mu - \frac{\sigma^2}{2}\right)t + \sigma\sqrt{t}z\right) = \left(\mu - \frac{\sigma^2}{2}\right)t$$

方差是

$$\text{var}\left(\left(\mu - \frac{\sigma^2}{2}\right)t + \sigma\sqrt{t}z\right) = \text{var}(\sigma\sqrt{t}z) = \sigma^2 t$$

因此

$$E(e^{(\mu-\sigma^2/2)t+\sigma\sqrt{t}z}) = e^{(\mu-\sigma^2/2)t+(\sigma^2 t)/2} = e^{\mu t}$$

通过调整折现率对政府风险担保进行估值不可操作

把政府风险担保看作看跌期权，可以解释为什么找到一个确定性等价比调整折现率要更容易一些。设行权价格是 k 且风险因子 x 遵循几何布朗运动。假定支持毕苏期权定价模型的其他假设都得到满足，可以通过毕苏期权定价模型得到政府风险担保的真实价值（方程 7.16）。以资本资产定价模型（CAPM）经风险调整后的折现率来对政府风险担保进行估值，可以得到：

$$V = \frac{E_t(\max\{0, k - x_T\})}{1 + r + \beta(E(r_m) - r)} \tag{A.2}$$

公式 A.2 的分子可以利用公式 7.5 得到，所以只要知道 k、r、β、$E(r_m)$、μ 和 σ 的值，以及风险因子 x 的当前值 x_t 和距离到期日的时间 $T-t$ 的值，就可以计算估值。假设这些值除了 β 之外，r、$E(r_m)$、μ 和 σ 的值是固定的。

为了更好地说明，假设 x_0 和 k 都是 100 美元，政府风险担保在 $t=1$ 时到期，并且 $\sigma = 0.2$、$r = 0.05$。应用毕苏期权定价模型（7.16），可以算出政府风险担保在 $t=0$ 时价值 5.57 美元。如果进一步假设 $\mu = 0.1$，根据方程 7.5，期望支付为 4.15 美元。设方程 7.16 等于方程 A.2，可以推出 $\beta(x_t, T-t) = \beta(100, 1) = -6.1$。

假设六个月过去了，$t = 0.5$。进一步假设没有其他变化，特别是 x 仍为 100 美元。如果用方程 A.2 和以前的估计 β 进行政府风险担保的重新估值，可以算得现在价值为 4.80 美元。但毕苏期权定价模型显示真实价值是 4.42 美元。若要使用公式 A.2 得到正确的结果，就必须使用 $\beta = -4.8$ 来进行估算。更糟的是，当 x 的值改变

时，β 的值也会改变。

注意，即使基础风险因子的风险是恒定的（即风险因子的波动性 σ、风险因子对市场收益的相关系数 ρ、市场参数 r 和 $E(r_m)$ 是恒定的），β 仍然会发生变化。相比之下，除非这些因素发生变化，否则风险确定性等价调整，包括减去 λσ，保持不变。

确定性等价原理和经风险调整的折现率法的等效性

然而，确定性等价和经风险调整的折现率方法可以给出相同结果。特别的，可以从资本资产定价模型（CAPM）更为广泛的应用形式推导出确定性等价模型（Brealey 和 Myers，2000）。首先，通过重新排列方程 7.9，可以得到

$$\frac{E(p)}{V} = 1 + r + \beta(E(r_m) - r) \tag{A.3}$$

下一步可以重写方程 7.11 中的协方差项：

$$\text{cov}(r_p, r_m) = \text{cov}\left(\frac{p}{V} - 1, r_m\right) = \frac{\text{cov}(p, r_m)}{V}$$

将 β 表示为

$$\beta = \frac{\text{cov}(p, r_m)}{V\sigma_m^2} \tag{A.4}$$

在方程 A.3 中用方程 A.4 的右侧部分代替 β，得到：

$$\frac{E(p)}{V} = 1 + r + \frac{\text{cov}(p, r_m)}{V\sigma_m^2}(E(r_m) - r)$$

然后，将这个等式两边同时乘以 V 进行整理，得到：

$$E(p) = V(1 + r) + \frac{\text{cov}(p, r_m)}{\sigma_m^2}(E(r_m) - r)$$

或者

$$V = \frac{E(p) - \text{cov}(p, r_m)(E(r_m) - r)/\sigma_m^2}{1 + r}$$

运用 λ 在公式 7.13 中的定义，可以进行更精确的表述，如方程 7.12。

为表示 β 和 λ 的关系，可以将方程 A.4 和方程 7.13 和方程 7.12 分别联立以求出 λ 和 ρ，并得到：

$$\lambda = \beta V \frac{E(r_m) - r}{\sigma_p}$$

确定性等价和资本资产定价（CAPM）模型经风险调整的折现的等效性在连续时间条件下也成立。假设一项支付的风险因子遵循几何布朗运动，其期望值的计算如前所述。为简单起见，假设期望支付是 exp（μt）。这一支付的价值 V 可以用经风险调整的折现率折现得出：

$$V = \frac{e^{\mu t}}{e^{(r+\beta(E(r_m)-r))t}}$$

根据指数的性质，这个方程可以重新排列成确定性等价公式

$$V = \frac{e^{(\mu-\beta(E(r_m)-r))t}}{e^{rt}}$$

分子为经风险调整后的期望支付，而分母表示按照无风险利率进行折现得出确定性等价支付值。

如果用从方程 7.15 中得到风险调整后的支付代替真实的支付期望值，将得到：

$$V = \frac{e^{(\mu-\lambda\sigma)t}}{e^{rt}}$$

比较这一方程与其上一个方程，可以揭示 λ 和 β 关系的另一种表达方式：

$$\lambda\sigma = \beta(E(r_m) - r) \tag{A.5}$$

通过调整风险因子的预期增长率进行估值

这里解释为什么可以假设风险因子的预期增长率等于实际的预期增长率减去 λσ 来进行政府风险担保的估值。其中，σ 表示风险因子的波动性，λ 表示风险价格（公式 7.13）。这一解释是 George Constantinides[①] 提出的更普遍适用的方法的一个特殊例子。

设政府风险担保的价值 $V = V(x,t)$，其中 t 表示时间，x 表示遵循几何布朗运动的风险因子（方程 7.2）。应用伊藤引理（方程 A.1），得到

$$dV = \left(\frac{\partial V}{\partial t} + \mu x \frac{\partial V}{\partial x} + \frac{\sigma^2 x^2}{2} \frac{\partial^2 V}{\partial x^2}\right)dt + \sigma x \frac{\partial V}{\partial x}\sqrt{dt}z \tag{A.6}$$

政府风险担保的收益率 r_p：

$$r_p = \frac{dV}{V} = \frac{1}{V}\left(\frac{\partial V}{\partial t} + \mu x \frac{\partial V}{\partial x} + \frac{\sigma^2 x^2}{2}\frac{\partial^2 V}{\partial x^2}\right)dt + \frac{\sigma x}{V}\frac{\partial V}{\partial x}\sqrt{dt}z$$

[①] Constantinides（1978）的方法更具有普遍适用性，因为它适用于任何类型的项目，而风险因子可遵循任何类型的伊藤过程，不一定是几何布朗运动。为使之进一步普遍适用，Constantinides 还引入了向量状态变量且假设项目分红。

政府风险担保收益率的期望：

$$E(r_p) = \frac{1}{V}\left(\frac{\partial V}{\partial t} + \mu x \frac{\partial V}{\partial x} + \frac{\sigma^2 x^2}{2}\frac{\partial^2 V}{\partial x^2}\right) \tag{A.7}$$

政府风险担保收益和市场收益的协方差：

$$\text{cov}(r_p, r_m) = \rho \sigma_m \frac{\sigma x}{V}\frac{\partial V}{\partial x} \tag{A.8}$$

其中 ρ 表示 z 和市场回报的相关系数，σ_m 表示市场回报的波动性。

假设资本资产定价（CAPM）模型成立，方程 7.10 给出了政府风险担保的收益率。将方程 7.11 中 β 的定义代入方程 7.10，可以得到

$$E(r_p) = r + \frac{\text{cov}(r_p, r_m)}{\sigma_m^2}(E(r_m) - r) \tag{A.9}$$

将方程 A.7 和 A.8 代入方程 A.9，化简可以得到：

$$\frac{1}{V}\left(\frac{\partial V}{\partial t} + \mu x \frac{\partial V}{\partial x} + \frac{\sigma^2 x^2}{2}\frac{\partial^2 V}{\partial x^2}\right) = r + \frac{1}{V}\frac{\partial V}{\partial x}\sigma x \frac{\rho(E(r_m) - r)}{\sigma_m}$$

将 λ 代入方程，利用方程 7.13 可以得到：

$$\frac{1}{V}\left(\frac{\partial V}{\partial t} + \mu x \frac{\partial V}{\partial x} + \frac{\sigma^2 x^2}{2}\frac{\partial^2 V}{\partial x^2}\right) = r + \frac{1}{V}\frac{\partial V}{\partial x}\sigma x \lambda$$

化简后，变为：

$$\frac{\partial V}{\partial t} + (\mu - \lambda \sigma) x \frac{\partial V}{\partial x} + \frac{\sigma^2 x^2}{2}\frac{\partial^2 V}{\partial x^2} = rV \tag{A.10}$$

这个偏微分方程满足相关边界条件，如 $V_T = \max\{0, k - x_t\}$，该方程的解即为政府风险担保的市场估值。

假设所有的投资者都是风险中性的，那么 $E(r_p) = r$，代入方程 A.7，得到：

$$\frac{\partial V}{\partial t} + \mu x \frac{\partial V}{\partial x} + \frac{\sigma^2 x^2}{2}\frac{\partial^2 V}{\partial x^2} = rV \tag{A.11}$$

除了 A.11 中 $\partial V/\partial x$ 的系数用 μx 代替了 $(\mu - \lambda \sigma)x$ 外，方程 A.10 和 A.11 是相似的。这表明通过假设政府风险担保的必要收益率（即假设不分红情况下的预期价值增长率）等于 $\mu - \lambda \sigma$ 而不是 μ，可以得出政府风险担保的估值。

下面讨论该方法与毕苏期权定价模型的关系。毕苏期权定价模型由以下的偏微分方程推导得出：

$$\frac{\partial V}{\partial t} + rx \frac{\partial V}{\partial x} + \frac{\sigma^2 x^2}{2}\frac{\partial^2 V}{\partial x^2} - rV = 0 \tag{A.12}$$

除了在方程 A.10 的左边第二项用 $\mu - \lambda\sigma$ 代替 r 之外,方程 A.10 和 A.12 是相似的。所以当风险因子服从几何布朗运动时,可以在毕苏期权定价方法中用 $\mu - \lambda\sigma$ 代替漂移率 r 来对政府风险担保进行估值。如果政府风险担保是以到期日的风险因子值为标的物的欧式期权,可以使用毕苏期权定价模型进行估值,就像第七章中采用显性估计风险价格的方式对欧洲政府风险担保进行评估时一样。

如果风险因子和政府风险担保是可以交易的,可以简单地使用标准的毕苏期权定价方法,避免必须引入标准套利参数来估计 λ。特别的,可以形成一个价值为 Π 的投资组合(即买多一单位的政府风险担保并卖空 $\partial V/\partial x$ 单位的风险因子):

$$\Pi = V - \frac{\partial V}{\partial x}x \tag{A.13}$$

然后

$$d\Pi = dV - \frac{\partial V}{\partial x}dx \tag{A.14}$$

将方程 A.6 和 7.2 代入方程 A.14,得到:

$$d\Pi = \left(\frac{\partial V}{\partial t} + \mu x\frac{\partial V}{\partial x} + \frac{\sigma^2 x^2}{2}\frac{\partial^2 V}{\partial x^2}\right)dt + \sigma x\frac{\partial V}{\partial x}\sqrt{dt}z - \frac{\partial V}{\partial x}(\mu x dt + \sigma x\sqrt{dt}z),$$

化简为

$$d\Pi = \left(\frac{\partial V}{\partial t} + \frac{\sigma^2 x^2}{2}\frac{\partial^2 V}{\partial x^2}\right)dt \tag{A.15}$$

因此,该投资组合为无风险组合,其价值以无风险利率增长:

$$d\Pi = r\Pi dt \tag{A.16}$$

将方程 A.14 和 A.15 代入 A.16,得到:

$$\left(\frac{\partial V}{\partial t} + \frac{\sigma^2 x^2}{2}\frac{\partial^2 V}{\partial x^2}\right)dt = r\left(V - \frac{\partial V}{\partial x}x\right)dt$$

化简后可得毕苏期权定价偏微分方程(A.12)。

当风险因子和政府风险担保可交易并且套利参数可得时,可以简单地应用毕苏期权定价模型,不需要假设资本资产定价(CAPM)模型成立。但如果假设资本资产定价(CAPM)模型成立且风险因子 x 是资产的价格,无论成交与否,都可以推断出资产价值的增长率 r_p 的期望值(假设它没有分红): $E(r_p) = r + \beta(E(r_p) - r)$(公式 7.10)。回顾方程 A.5,$\beta(E(r_m) - r) = \lambda\sigma$。因此,可以推断出该资产的价值增长率的期望值为 $r + \lambda\sigma$。如果按照上文的方法,从风险因子的增长率中减去 $\lambda\sigma$ 来调整风险，则和毕苏期权定价模型一样，可以得到一个风险调整后的增长率 r。即使无法套期保值，也可以在风险因子是一项资产时应用毕苏期权定价模型。因此在假定资本资产定价（CAPM）模型成立或允许套期保值的情况下，可以使用毕苏期权定价方程对政府提供的基于某资产价值的风险担保进行估值。

如果风险因子 x 不是资产价格，则上述假设不成立。即套期保值是不可能的，且资本资产定价（CAPM）模型不能表示出风险因子的价值的增长率。因此必须采用前述的减去 $\lambda\sigma$ 或忽略风险价格的手段进行估值，并以无风险利率进行折现。

参 考 文 献

Adler, Matthew D., and Eric A. Posner, eds. 2001. Cost-Benefit Analysis: Legal, Economic, and Philosophical Perspectives. Chicago: University of Chicago Press.

Ajzen, Icek. 1996. "The Social Psychology of Decision Making." In Social Psychology: Handbook of Basic Principles, ed. E. Tory Higgins and Arie W. Kruglanski, 297 – 325. New York: Guildford Press.

Akerlof, George. 1970. "The Market for 'Lemons': Qualitative Uncertainty and the Market Mechanism." Quarterly Journal of Economics 84 (3): 488 – 500.

Albouy, Yves, and Reda Bousba. 1998. "The Impact of IPPs in Developing Countries—Out of the Crisis and into the Future." Public Policy for the Private Sector. Note 162, World Bank, Washington, DC.

Arrow, Kenneth J. 1971. Essays in the Theory of Risk-Bearing. Amsterdam: NorthHolland.

Arrow, Kenneth J., and Robert C. Lind. 1970. "Uncertainty and the Evaluation of Public Investment Decisions." American Economic Review 60 (3): 364 – 78.

Australian Heritage Commission. 2003. Linking a Nation: Australia's Transport and Communications, 1788 – 1970. Canberra: Commonwealth of Australia. http://www.ahc.gov.au/publications/national-stories/transport/.

Babbar, Suman, and John Schuster. 1998. "Power Project Finance: Experience in Developing Countries." Resource Mobilization and Cofinancing Discussion Paper 119, Project Finance and Guarantee Department, World Bank, Washington, DC.

Baldwin, Carliss, Donald Lessard, and Scott Mason. 1983. "Budgetary Time Bombs: Controlling Government Loan Guarantees." Canadian Public Policy 9 (3): 338 – 46.

Baumol, William J. 1963. "An Expected Gain-Confidence Limit Criterion for Portfolio Selection." Management Science 10 (1): 174 – 82.

Becquey, François Louis. 1820. Rapport au roi sur la navigation intérieure de la France. Extrait par Héricart de Thury. Paris: Imprimerie de Madame Huzard.

Bedford, Tim, and Roger Cooke. 2001. Probabilistic Risk Analysis: Foundations and Methods. Cambridge, U. K. : Cambridge University Press.

Benninga, Simon. 2000. Financial Modeling. 2nd ed. Cambridge, MA: MIT Press.

Bertolini, Lorenzo. 2004. "Contracting Out Regulatory Functions." Public Policy for the Private Sector, Note 269, World Bank, Washington, DC.

Bezançon, Xavier. 2004. 2000 ans d'histoire du partenariat public-privé pour la réalisation des équipements et services collectifs. Paris: Presses de l'École Nationale des Ponts et Chaussées.

Birmingham, David. 2003. A Concise History of Portugal. 2nd ed. Cambridge, U. K. : Cambridge University Press.

Black, Fischer, and Myron Scholes. 1973. "The Pricing of Options and Corporate Liabilities." Journal of Political Economy 81 (3): 637 – 54.

Boyle, Glenn, and Timothy Irwin. 2005. "Techniques for Estimating the Fiscal Costs and Risks of Long-Term Output-Based Payments." Output-Based Aid Working Paper 5. Global Partnership on Output-Based Aid, World Bank, Washington, DC.

Boyle, Phelim. 1977. "Options: A Monte Carlo Approach." Journal of Financial Economics 4 (4): 323 – 38.

Brailsford, Henry N. 1918 [1914]. "Real Politics." In The War of Steel and Gold: A Study of the Armed Peace, 10th ed. London: G. Bell & Sons.

Brealey, Richard A., Ian A. Cooper, and Michel A. Habib. 1997. "Investment Appraisal in the Public Sector." Oxford Review of Economic Policy 13 (4): 12-28.

Brealey, Richard A., and Stewart C. Myers. 2000. Principles of Corporate Finance. 6th ed. New York: McGraw-Hill.

Breyer, Stephen. 1993. Breaking the Vicious Circle: Toward Effective Risk Regulation. Cambridge, MA: Harvard University Press.

Brixi, Hana Polackova, and Ashoka Mody. 2002. "Dealing with Government Fiscal Risk: An Overview." In Government at Risk: Contingent Liabilities and Fiscal Risk, ed. Hana Polackova Brixi and Allen Schick, 21-58. Washington, DC: World Bank.

Brixi, Hana Polackova, and Allen Schick, eds. 2002. Government at Risk: Contingent Liabilities and Fiscal Risk. Washington, DC: World Bank.

Brixi, Hana Polackova, Allen Schick, and Leila Zlaoui. 2002. "The Challenges of Fiscal Risks in Transition: Czech Republic, Hungary, and Bulgaria." In Government at Risk: Contingent Liabilities and Fiscal Risk, ed. Hana Polackova Brixi and Allen Schick, 203-34. Washington, DC: World Bank.

Burton, Anthony. 1994. The Railway Empire. London: John Murray.

Camerer, Colin F. 1995. "Individual Decision Making." In The Handbook of Experimental Economics, ed. John H. Kagel and Alvin E. Roth, 587-704. Princeton, NJ: Princeton University Press.

Caron, François. 1983. "France." In Railways and the Economic Development of Western Europe, 1830-1914, ed. Patrick O'Brien. London: MacMillan.

Chen, Andrew H., K. C. Chen, and R. Stephen Sears. 1986. "The

Value of Loan Guarantees: The Case of Chrysler Corporation." Research in Finance 6: 101–17.

Cialdini, Robert B. 1998. Influence: The Psychology of Persuasion. Rev. ed. New York: Collins.

Cochrane, John. 2001. Asset Pricing. Princeton, NJ: Princeton University Press.

Cohen, Daniel. 2002. "Fiscal Sustainability and a Contingency Trust Fund." In Government at Risk: Contingent Liabilities and Fiscal Risk, ed. Hana Polackova Brixi and Allen Schick, 143–58. Washington, DC: World Bank.

Constantinides, George M. 1978. "Market Risk Adjustment in Project Valuation." Journal of Finance 33 (2): 603–16.

Copeland, Thomas E., and Vladimir Antikarov. 2001. Real Options: A Practitioner's Guide. New York: Texere.

Correia da Silva, Luis, Antonio Estache, and Sakari Järvelä. 2004. "Is Debt Replacing Equity in Regulated Privatized Infrastructure in Developing Countries?" Policy Research Working Paper 3374, World Bank, Washington, DC.

Currie, A. W. 1957. Grand Trunk Railway of Canada. Toronto: University of Toronto Press.

Currie, Elizabeth. n. d. "The Potential Role of Government Debt Management Offices in Monitoring and Managing Contingent Liabilities." World Bank, Washington, DC.

Dawes, Robin M., David Faust, and Paul E. Meehl. 1989. "Clinical versus Actuarial Judgment." Science 243 (4899): 1668–74.

DeGroot, Morris H., and Mark J. Schervish. 2002. Probability and Statistics. 3rd ed. Boston: Addison-Wesley. de Meza, David, and David Webb. 2000. "Does Credit Rationing Imply Insufficient Lending?" Journal of Public Economics 78 (3): 215–34.

Dixit, Avinash K., and Robert S. Pindyck. 1994. Investment under Uncertainty. Princeton, NJ: Princeton University Press.

Dobbin, Frank. 1994. Forging Industrial Policy: The United States, Britain, and France in the Railway Age. Cambridge, U. K.: Cambridge University Press.

Doukas, Kimon A. 1945. The French Railroads and the State. New York: Columbia University Press.

Dowd, Kevin. 1998. Beyond Value at Risk: The New Science of Risk Management. Chichester, U. K.: John Wiley & Sons.

Duffie, Darrell, and Kenneth J. Singleton. 2003. Credit Risk: Pricing, Measurement, and Management. Princeton, NJ: Princeton University Press.

du Marais, Bertrand. 2004. Droit publique de la régulation économique. Paris: Presses de Science Po et Dalloz.

Dunham, Arthur L. 1941. "How the French Railways Were Planned." Journal of Economic History 1 (1): 12 - 25.

Dunlavy, Colleen A. 1994. Politics and Industrialization: Early Railroads in the United States and Prussia. Princeton, NJ: Princeton University Press.

Duvergier, J. B. Various years. Collection complète des lois, décrets, ordonnances, réglemens, avis du conseil d'état. Various vols. Paris: Guyot.

Earle, Edward Mead. 1923. Turkey, the Great Powers, and the Bagdad Railway: A Study in Imperialism. New York: Macmillan.

Easterly, William, and Luis Servén. 2003. The Limits of Stabilization: Infrastructure, Public Deficits, and Growth in Latin America. Washington, DC: World Bank.

Echeverry, Juan Carlos, Verónica Navas, Juan Camilo Gutierrez, and Jorge Enrique Cardona. 2002. "Dealing with Contingent Liabilities in Colombia." In Government at Risk: Contingent Liabilities and Fiscal Risk, ed. Hana Polackova Brixi and Allen Schick, 269 - 80. Washington, DC: World Bank.

Ehrhardt, David, and Timothy Irwin. 2004. "Avoiding Customer and Taxpayer Bailouts in Private Infrastructure Projects: Policy toward Leverage, Risk Allocation, and Bankruptcy." Policy Research Working Paper 3274, World Bank, Washington, DC.

Eichengreen, Barry. 1996. "Financing Infrastructure in Developing Countries: Lessons from the Railway Age." In Infrastructure Delivery: Private Initiative and the Public Good, ed. Ashoka Mody. Washington, DC: World Bank.

Engel, Eduardo, Ronald Fischer, and Alexander Galetovic. 1997. Infrastructure franchising and government guarantees. In Dealing with Public Risk in Private Infrastructure, ed. Timothy Irwin, Michael Klein, Guillermo E. Perry, and Mateen Thobani, 89 – 105. Washington, DC: World Bank.

——. 2001. "Least-Present-Value-Revenue Auctions and Highway Franchising." Journal of Political Economy 109 (5): 993 – 1020.

Ericson, Steven J. 1996. The Sound of the Whistle: Railroads and the State in Meiji Japan. Harvard East Asian Monograph 168. Cambridge, MA: Council on East Asian Studies, Harvard University.

Estache, Antonio. 2002. "Argentina 1990s' Utility Privatization: A Cure or a Disease?" World Bank, Washington, DC.

Esty, Benjamin C. 2004. Modern Project Finance: A Casebook. World Bank: John Wiley & Sons.

European Commission. 2004. Resource Book on PPP Case Studies. Directorate General, Regional Policy, European Commission, Brussels. http://europa.eu.int/comm/regional_policy/sources/docgener/guides/pppresourcebook.pdf.

Faith, Nicholas. 1990. The World the Railways Made. London: Pimlico.

Fama, Eugene F., and Kenneth R. French. 1993. "Common Risk Factors in the Returns on Stocks and Bonds." Journal of Financial Economics 33 (1): 3 – 56.

Fishbein, Gregory, and Suman Babbar. 1996. "Private Financing of Toll

Roads." Resource Mobilization and Cofinancing Discussion Paper 117. Project Finance and Guarantee Department, World Bank.

Flemming, John, and Colin Mayer. 1997. "The Assessment: Public-Sector Investment." Oxford Review of Economic Policy 13 (4): 1 – 11.

Flyvbjerg, Bent, Mette Skamris Holm, and Soren Buhl. 2002. "Underestimating Costs in Public Works Projects: Error or Lie?" APA Journal 68 (3): 279 – 295.

Fogel, Robert William. 1960. The Union Pacific Railroad: A Case in Premature Enterprise. Baltimore, MD: Johns Hopkins Press.

Foster, Vivien, and Oscar Hendrick. 2004. "Pilot Study on Public Investment and Fiscal Policy: Private-Public Partnerships." World Bank and International Monetary Fund, Washington, DC.

Fox, Craig R., and Amos Tversky. 1998. "A Belief-Based Account of Decision under Uncertainty." Management Science 44 (7): 879 – 95.

Gale, William G. 1991. "Economic Effects of Federal Credit Programs." American Economic Review 81 (1): 133 – 52.

Garman, Mark B., and Steven W. Kohlhagen. 1983. "Foreign Currency Option Values." Journal of International Money and Finance 2: 231 – 37.

Geiger, Reed G. 1984. "Planning the French Canals: The 'Becquey Plan' of 1820 – 1822." Journal of Transport History 44 (2): 329 – 39. ——. 1994. Planning the French Canals: Bureaucracy, Politics, and Enterprise under the Restoration. Newark, DE: University of Delaware Press.

Gigerenzer, Gerd, Peter M. Todd, and the ABC Research Group. 1999. Simple Heuristics That Make Us Smart. New York: Oxford University Press.

Gilovich, Thomas, Dale Griffin, and Daniel Kahneman. 2002. Heuristics and Biases: The Psychology of Intuitive Judgment. Cambridge, U.K: Cambridge University Press.

Goldberger, Arthur S. 1991. A Course in Econometrics. Cambridge, MA: Harvard University Press.

Gómez-Ibáñez, José A. 1997. Mexico's Private Toll Road Program. Cambridge, MA: Kennedy School of Government Case Program, Harvard University.

——. 2003. Regulating Infrastructure: Monopoly, Contracts, and Discretion. Cambridge, MA: Harvard University Press.

Gómez-Ibáñez, José A., and John R. Meyer. 1993. Going Private: The International Experience with Transport Privatization. Washington, DC: Brookings Institution.

Gómez Lobo, Andrés, and Sergio Hinojosa. 2000. "Broad Roads in a Thin Country." Policy Research Working Paper 2279, World Bank, Washington, DC.

Goode, Roy. 2004. Commercial Law. 3rd ed. London: Penguin.

Goodrich, Carter. 1950. "The Revulsion against Internal Improvements." Journal of Economic History 10 (2): 145–69.

——. 1974 [1960]. Government Promotion of American Canals and Railroads, 1800–1890. London: Greenwood Press.

Government of Chile. 2003. "Report on Public Finances: Government Budget Bill for 2004." Presented by Mario Marcel Cullel, Budget Director, to the Special Joint Committee on the Budget of the National Congress, Santiago. http://www.dipres.cl/fr_news_english.html.

Government of Colombia, Department of National Planning. 2001a. "Modificaciones a la política de maneje de riesgo contractual del estado para procesos de participación privada en infraestructura establecida en el documento Conpes 3107 de abril de 2001." Conpes 3133, Department of National Planning, Bogotá.

——. 2001b. "Política de manejo de riesgo contractual del estado para procesos de participación privada en infraestructura." Conpes 3107, Department of National Planning, Bogotá.

Government of Colombia, Ministerio de Hacienda y Crédito Público, Dirección General de Crédito Público, División de Pasivos Contingentes. n. d.

Manual para la valoración de pasivos contingentes: Proyectos de infraestructura. Ministerio de Hacienda y Crédito Público, Dirección General de Crédito Público, División de Pasivos Contingentes, Bogotá.

Government of Indonesia. 2006. "Directive for Controlling and Managing Risks of Infrastructure Provision." Regulation of the Minister of Finance 38, Jakarta, Government of Indonesia.

Government of Mexico, Secretaría de Comunicaciones y Transportes and Banco Nacional de Obras y Servicios Públicos. 2003. "New Model for the Concession of Toll Roads." Secretaría de Comunicaciones y Transportes and Banco Nacional de Obras y Servicios Públicos, Mexico City.

Government of New South Wales, Australia, Auditor-General's Office. 1994. Private Participation in the Provision of Public Infrastructure: The Roads and Traffic Industry. Sydney: Auditor-General's Office.

Government of South Africa, National Treasury. 2002. "Demand Risk." PPP Quarterly: Public Private Partnerships 9 (December): 4–5.

——. 2004. Public Private Partnership Manual: National Treasury PPP Practice Notes Issued in Terms of the Public Finance Management Act. Pretoria: National Treasury.

Government of United Kingdom, Her Majesty's Treasury. 2003. PFI: Meeting the investment challenge. London: Her Majesty's Treasury. http://www.hm-treasury.gov.uk/media//648B2/PFI_604.pdf.

——. 2004. Standardisation of PFI contracts, Version 3. London: Her Majesty's Treasury. http://www.hm-treasury.gov.uk/documents/public_private_partnerships/key_documents/standardised_contracts/ppp_keydocsstand_index.cfm.

Government of United States, Congressional Budget Office. 2004. "Estimating the Value of Subsidies for Federal Loans and Loan Guarantees." Washington, DC: Congressional Budget Office. http://www.cbo.gov/ftpdocs/57xx/doc5751/08–19–CreditSubsidies.pdf.

Government of Victoria, Australia. 2001. Partnerships Victoria Guidance Material: Risk Allocation and Contractual Issues. Melbourne, Australia: Department of Treasury and Finance, Government of Victoria.

Graham, John R., and Campbell R. Harvey. 2001. "The Theory and Practice of Corporate Finance: Evidence from the Field. Journal of Financial Economics 60: 187 – 243.

Gray, Philip, and Timothy Irwin. 2003a. "Exchange-Rate Risk: Reviewing the Record for Private Infrastructure Contracts." Public Policy for the Private Sector. Note 162, World Bank, Washington, DC.

——. 2003b. "Exchange-Rate Risk: Allocating Exchange in Private Infrastructure Projects. Public Policy for the Private Sector. Note 266, World-Bank, Washington, DC.

Gray, R. David, and John Schuster. 1998. The East Asian Financial Crisis—Fallout for Private Power Projects. Public Policy for the Private Sector. Note 146, WorldBank, Washington, DC.

Guasch, J. Luis. 2004. Granting and Renegotiating Infrastructure Concessions: Doing It Right. Washington, DC: World Bank.

Haarmeyer, David, and Ashoka Mody. 1998. "Tapping the Private Sector: Approaches to Managing Risk in Water and Sanitation." Resource Mobilization and Cofinancing Discussion Paper 112. Project Finance and Guarantee Department, World Bank, Washington, DC.

Hahm, Junglim. 2003. "Private Participation in the Infrastructure Programme of the Republic of Korea." Transport and Communications Bulletin for Asia and the Pacific 72: 57 – 75. http://www.unescap.org/ttdw/Publications/TPTS_pubs/bulletin72/bulletin72_ch3.pdf.

Harris, Anthony C. 1998. "Credulity and Credibility in Infrastructure Funding." Paper presented at the Australian Capital Territory Department of Urban Services, Summer Seminar Series, Canberra, March 6.

Haywood, Richard Mowbray. 1969. The Beginnings of Railway Development in Russia in the Reign of Nicholas I, 1835 – 1842. Durham, NC: Duke University Press.

Helm, Dieter. 2004. Energy, the State, and the Market: British Energy Policy since 1979. Rev. ed. Oxford, U. K. : Oxford University Press.

Hemming, Richard, and Staff Team of the IMF (International Monetary Fund). 2006. Public-Private Partnerships, Government Guarantees, and Fiscal Risk. Washington, DC: International Monetary Fund.

Holbrook, Stewart H. 1947. The Story of American Railroads. New York: Crown.

Hoover, Calvin B. 1926. "The Sea Loan in Genoa in the Twelfth Century." Quarterly Journal of Economics 40 (3): 495 – 529.

Howard, Stanley E. 1918. "Some Aspects of French Railway War Finance." Quarterly Journal of Economics 32 (2): 309 – 32.

Hull, John C. 2003. Options, Futures, and Other Derivatives. 5th ed. Upper Saddle River, NJ: Prentice Hall.

IMF (International Monetary Fund). 2001a. Code of Good Practices on FiscalTransparency. Washington, DC: IMF. http://www.imf.org/external/np/fad/trans/code.htm.

——. 2001b. Government Finance Statistics Manual, 2001. Washington, DC: IMF.

——. 2005. "Public Investment and Fiscal Policy—Summaries of the PilotCountry Studies." Washington, DC: IMF.

Innes, Robert. 1991. "Investment and Government Intervention in Credit MarketsWhen There Is Asymmetric Information." Journal of Public Economics. Volume 46 (3): 347 – 81.

Institute of Chartered Accountants of England and Wales. 2003. Accounting Standards 2003/2004. London: Croner. CCH Group Limited.

International Accounting Standards Board. 2004. International Financial Reporting Standards (IFRSs) —Including International Accounting Standards

(IASs) and Interpretations as at 31 March 2004. London: International Accounting Standards Board.

Irwin, Timothy C. 2003. "Public Money for Private Infrastructure: Deciding When to Offer Guarantees, Output-Based Subsidies, and Other Forms of Fiscal Support." Working Paper 10, World Bank, Washington, DC.

——. 2004. "Measuring and Valuing the Risks Created by Revenue and Exchange-Rate Guarantee in Korea." In Developing Best Practice for Korea's PPI Market: With a Focus on PSC, 257–73. Seoul: Private Infrastructure Investment Center of Korea.

Irwin, Timothy, Michael Klein, Guillermo E. Perry, and Mateen Thobani, eds. 1997. Dealing with Public Risk in Private Infrastructure. Washington, DC: World Bank.

Janda, Karel. 2005. "The Comparison of Credit Subsidies and Guarantees in Transition and Post-transition Economies." Ekonomicky Casopis [Journal of Economics] 53 (4): 383–98.

Jastrow, Morris. 2005 [1918]. The War and the Bagdad Railway: The Story of Asia Minor and Its Relation to the Present Conflict. Boston: Elibron.

Jeffreys, Richard. 2004. Subjective Probability: The Real Thing. New York: Cambridge University Press.

Jenkinson, Tim. 2003. "Private Finance." Oxford Review of Economic Policy 19 (2) 323–34.

Johnson, J. 1963. The Economics of Indian Rail Transport. Bombay: Allied Publishers.

Jones, E. Philip, and Scott P. Mason. 1980. "Valuation of Loan Guarantees." Journal of Banking and Finance 4 (1): 89–97.

Jorion, Philippe. 1988. "On Jump Processes in the Foreign Exchange and Stock Markets." Review of Financial Studies 1 (4): 427–45.

——. 1997. Value at Risk: The New Benchmark for Controlling Market Risk. Chicago: Irwin Professional Publishing.

Jorion, Philippe, and Richard J. Sweeney. 1996. "Mean Reversion in Real Exchange Rates: Evidence and Implications for Forecasting." Journal of International Money and Finance 15 (4): 535–50.

Juan, Ellis J. 1996. "Privatizing Airports: Options and Case Studies." Public Policy for the Private Sector. Note 82, World Bank, Washington, DC.

Kahneman, Daniel, and Don Lovallo. 1993. "Timid Choices and Bold Forecasts: A Cognitive Perspective on Risk Taking." Management Science 39 (1): 17–31.

Kahneman, Daniel, Paul Slovic, and Amos Tversky, eds. 1982. Judgment under Uncertainty: Heuristics and Biases. Cambridge, U.K.: Cambridge University Press.

Kahneman, Daniel, and Amos Tversky. 1979. "Prospect Theory: An Analysis of Decision under Risk." Econometrica 47 (2): 263–91.

——. 1982. "Intuitive Prediction: Biases and Corrective Procedures." In Judgment under Uncertainty: Heuristics and Biases, ed. Daniel Kahneman, Paul Slovic, and Amos Tversky, 414–22. Cambridge, U.K.: Cambridge University Press.

——. 1995. "Conflict Resolution: A Cognitive Perspective." In Barriers to Conflict Resolution, ed. Kenneth Arrow, Robert H. Mnookin, Lee Ross, Amos Tversky and Robert Wilson, 44–61. New York: W. W. Norton.

Karkar, Yaqub N. 1972. Railway Development in the Ottoman Empire, 1856–1914. Ann Arbor, MI: Vantage Press.

Kerf, Michel, with R. David Gray, Timothy Irwin, Céline Lévesque, and Robert R. Taylor, under the direction of Michael Klein. 1998. "Concessions for Infrastructure: A Guide to Their Design and Award." Technical Paper 399, Finance, Private Sector, and Infrastructure Network, World Bank, Washington, DC.

Kerr, Ian J. 1995. Building the Railways of the Raj 1850–1900. Delhi, India: Oxford University Press.

Klein, Michael. 1997. "The Risk Premium for Evaluating Public Projects." Oxford Review of Economic Policy 13 (4): 29–42.

Klein, Michael, Jae So, and Ben Shin. 1996. "Transaction Costs in Private Infrastructure Projects—Are They Too High?" Public Policy for the Private Sector. Note 95, World Bank, Washington, DC.

Knight, Frank H. 1921. Risk, Uncertainty, and Profit. Boston and New York: Houghton Mifflin.

Lachaume, Jean-François. 2002. Droit administratif. 13th ed. Paris: Presses Universitaires de France.

Leitch, David B. 1972. Railways of New Zealand. Newton Abbot, U.K.: David &Charles.

Levy, Brian, and Pablo T. Spiller. 1994. "The Institutional Foundations of Regulatory Commitment: A Comparative Analysis of Telecommunications Regulation." Journal of Law, Economics, and Organization 10 (2): 201–46.

Lewis, Christopher M., and Ashoka Mody. 1997. "The Management of Contingent Liabilities: A Risk Management Framework for National Governments." In Dealing with Public Risk in Private Infrastructure, ed. Timothy Irwin, Michael Klein, Guillermo E. Perry, and Mateen Thobani, 131–53. Washington, DC: World Bank.

Lewis, Colin M. 1983. British Railways in Argentina 1857–1914: A Case Study of Foreign Investment. Monograph 12. London: University of London Institute of Latin American Studies.

Lewis, Frank, and Mary MacKinnon. 1987. "Government Loan Guarantees and the Failure of the Canadian Northern Railway." Journal of Economic History 47 (1): 175–96.

Livy. 2006. Hannibal's War. Books 21–30. Trans. J. C. Yardley. Oxford, U.K.: Oxford University Press.

Lovei, Laszlo. 2000. "The Single-Buyer Model: A Dangerous Path toward Competitive Electricity Markets." Public Policy for the Private Sector.

Note 225, World Bank, Washington, DC.

Luxemburg, Rosa. 1951. The Accumulation of Capital. Trans. by Agnes Schwarzchild. London: Routledge and Kegan Paul Ltd. Machiavelli, Niccolò. 1992. The Prince. New York: Dover.

MacPherson, W. J. 1955. "Investment in Indian Railways, 1845 – 1875." Economic History Review 8 (2): 177 – 86.

Macquarie Infrastructure Group. 2001. "Macquarie Infrastructure Group Prospectus 2001." http://www.macquarie.com.au/au/mig/investor/prospectuses.htm.

March, James G., and Zur Shapira. 1987. "Management Perspectives on Risk and Risk-Taking." Management Science 33: 1404 – 8.

Marrison, Christopher. 2002. The Fundamentals of Risk Measurement. New York: McGraw-Hill.

Mas, Ignacio. 1997. "Managing Exchange Rate-and Interest Rate-Related Project Exposure: Are Guarantees Worth the Risk?" In Dealing with Public Risk in Private Infrastructure, ed. Timothy Irwin, Michael Klein, Guillermo E. Perry, and Mateen Thobani, 109 – 28. Washington, DC: World Bank.

Matsukawa, Tomoko, Robert Sheppard, and Joseph Wright. 2003. "Foreign Exchange Risk Mitigation for Power and Water Projects in Developing Countries." Energy and Mining Sector Board Paper 9, World Bank, Washington, DC.

McMurray, Jonathan S. 2001. Distant Ties: Germany, the Ottoman Empire, and the Construction of the Baghdad Railway. Westport, CT: Praeger.

Mellers, Barbara A., Alan Schwartz, and Alan D. J. Cooke. 1998. "Judgment and Decision Making". Annual Review of Psychology 49: 447 – 77.

Merton, Robert C. 1973. "Theory of Rational Option Pricing." Bell Journal of Economics and Management Science 4 (1): 141 – 83.

———. 1977. "An Analytic Derivation of the Cost of Deposit Insurance and Loan Guarantees: An Application of Modern Option Pricing Theory." Journal of Banking and Finance 1: 3 – 11.

Merton, Robert C., and Zvi Bodie. 1992. "On the Management of Financial Guarantees." Financial Management 21 (4): 87 – 109.

Modigliani, Franco, and Merton Miller. 1958. "The Cost of Capital, Corporation Finance, and the Theory of Investment." American Economic Review 48 (3): 261 – 97.

Mody, Ashoka. 2002. "Contingent Liabilities in Infrastructure: Lessons from the East Asian Financial Crisis." In Government at Risk: Contingent Liabilities and Fiscal Risk, ed. Hana Polackova Brixi and Allen Schick, 373 – 92. Washington, DC: World Bank.

Mody, Ashoka, and Dilip K. Patro. 1996. "Methods of Loan Guarantee Valuation and Accounting." In Infrastructure Delivery: Private Initiative and the Public Good, ed. Ashoka Mody. 191 – 220. Washington, DC: World Bank.

Morgan, Willis D. 1927. "The History and Economics of Suretyship." Cornell Law Quarterly 12: 153 – 71.

Moss, David A. 2002. When All Else Fails: Government as the Ultimate Risk Manager. Cambridge, MA: Harvard University Press.

Mueller, Dennis C. 2003. Public Choice III. Cambridge, U. K.: Cambridge University Press.

Munro, J. Forbes. 1987. "Shipping Subsidies and Railway Guarantees: William Mackinnon, Eastern Africa, and the Indian Ocean 1860 – 93." Journal of African History 28 (2): 209 – 30.

National Accounts Classification Committee, U. K. Office for National Statistics. 2004. "National Accounts Sector Classification of Network Rail." U. K. Office for National Statistics, London.

National Economic Research Associates. 2004. "Managing Guarantees and LongTerm Purchase and Subsidy Commitments in Public-Private Partnerships." Report for the World Bank, Washington, DC.

Nevitt, Peter K., and Frank J. Fabozzi. 2000. Project Finance. 7th ed. London: Euromoney Books.

Newbery, David M. 1999. Privatization, Restructuring, and Regulation of Network Utilities. Cambridge, MA: the MIT Press. O'Donovan, James, and John Phillips. 2003. The Modern Contract of Guarantee. London: Sweet & Maxwell.

Olson, Mancur. 1965. The Logic of Collective Action. Cambridge, MA: Harvard University Press.

Petrie, Murray. 2002. "Accounting and Financial Accountability to Capture Risk." In Government at Risk: Contingent Liabilities and Fiscal Risk, ed. Hana Polackova Brixi and Allen Schick, 59 – 78. Washington, DC: World Bank.

Phaup, Marvin. 1993. "Recent Federal Efforts to Measure and Control RiskBearing." In Government Risk-Bearing: Proceedings of a Conference Held at the Federal Reserve Bank of Cleveland, May 1991, ed. Mark S. Sniderman, 167 – 76. Boston: Kluwer Academic Publishers.

Polybius. 1922. The Histories, Volume II. Trans. by W. R. Paton. Cambridge, MA: Harvard University Press.

Posner, Richard A. 2001. "Cost-Benefit Analysis: Definition, Justification, and Comment on Conference Papers." In Cost-Benefit Analysis: Legal, Economic, and Philosophical Perspectives, ed. Mathew D. Adler and Eric A. Posner, 317 – 42. Chicago: University of Chicago Press.

Pratley, Nils, and Frédéric Pons. 2004. "Deep in Debt." Guardian. April 7.

Prelec, Drazen. 1998. "The Probability Weighting Function." Econometrica 66 (3): 497 – 527.

Pressel, Wilhelm von. 1902. Les chemins de fer en Turquie d'Asie: Projet d'un reseau complet. 2nd ed. Zurich: Orell Füssli.

Project Finance Magazine. 2004. "Incheon Railroad Closes." November 1.

Quiggin, John. 2004. "Risk, PPPs, and the Public Sector Comparator." Australian Accounting Review. 14 (2): 51–61.

Rabin, Matthew. 2000. "Diminishing Marginal Utility of Wealth Cannot Explain Risk Aversion." In Choices, Values, and Frames, ed. Daniel Kahneman and Amos Tversky, 202–8. Cambridge, U.K.: Cambridge University Press and the Russell Sage Foundation.

Reverdy, Georges. 2004. Les travaux publics en France, 1817–1847: Trente années glorieuses. Paris: Presses de l'École Nationale des Ponts et Chaussées.

Rogoff, Kenneth. 1996. "The Purchasing Power Parity Puzzle." Journal of Economic Literature 34 (2): 647–68.

Rothschild, Michael, and Joseph E. Stiglitz. 1976. "Equilibrium in Competitive Insurance Markets: An Essay on the Economics of Imperfect Information." Quarterly Journal of Economics. Volume 90 (4): 629–49.

Rottenstreich, Yuval, and Amos Tversky. 1997. "Unpacking, Repacking, and Anchoring: Advances in Support Theory." Psychological Review 104 (2): 406–15.

Ruster, Jeff. 1995. "Bankruptcies in the U.S. Utility Industry." World Bank, Washington, DC.

———. 1997. "A Retrospective on the Mexican Toll Road Program (1989–94)." Public Policy for the Private Sector. Note 125, World Bank, Washington, DC.

Schick, Allen. 2002a. "Budgeting for Fiscal Risk." In Government at Risk: Contingent Liabilities and Fiscal Risk, ed. Hana Polackova Brixi and Allen Schick, 79–98. Washington, DC: World Bank.

———. 2002b. "Conclusion: Toward a Code of Good Practice on Managing FiscalRisk." In Government at Risk: Contingent Liabilities and Fiscal Risk, ed. Hana Polackova Brixi and Allen Schick, 461. Washington, DC: World Bank.

Scott, Graham C. 2001. Public Sector Management in New Zealand: Lessons and Challenges. Wellington: Australian National University.

Shafir, Eldar, Peter Diamond, and Amos Tversky. 1997. "Money Illusion." Quarterly Journal of Economics 112 (2): 341–74.

Sharpe, William. 1964. "Capital Asset Prices: A Theory of Market Equilibrium under Conditions of Risk." Journal of Finance 19 (3): 425–42.

Shavell, Steven. 2004. Foundations of Economic Analysis of Law. Cambridge, MA: Harvard University Press.

Shiller, Robert J. 2002. "Bubbles, Human Judgment, and Expert Opinion." Financial Analysts Journal 58 (3): 18–26.

Shugart, Christopher. 1988. "Regulation-by-Contract and Municipal Services: The Problem of Contractual Incompleteness." PhD thesis, Harvard University, Cambridge, MA.

Siegel, Jeremy J., and Richard H. Thaler. 1997. "Anomalies: The Equity Premium Puzzle." Journal of Economic Perspectives 11 (1): 191–200.

Skamris, Mette K., and Bent Flyvbjerg. 1997. "Inaccuracy of Traffic Forecasts and Cost Estimates on Large Transport Projects." Transport Policy 4 (3): 141–46.

Smith, Warrick. 1997a. "Covering Political and Regulatory Risks: Issues and Options for Private Infrastructure Arrangements." In Dealing with Public Risk in Private Infrastructure, ed. Timothy Irwin, Michael Klein, Guillermo E. Perry, and Mateen Thobani, 45–85. Washington, DC: World Bank.

———. 1997b. "Utility Regulators—The Independence Debate." Public Policy for the Private Sector. Note 127, World Bank, Washington, DC.

———. 1997c. Utility Regulators—Roles and Responsibilities. Public Policy for the Private Sector. Note 128, World Bank, Washington, DC.

———. 1997d. Utility Regulators—Decisionmaking Structures, Resources, and Start-up Strategy. Public Policy for the Private Sector. Note 129, World Bank, Washington, DC.

Sniderman, Mark S. 1993. Government Risk-Bearing: Proceedings of a Conference Held at the Federal Reserve Bank of Cleveland, May 1991. Boston: Kluwer Academic Publishers.

Sosin, Howard B. 1980. "On the Valuation of Federal Loan Guarantees to Corporations." Journal of Finance 35 (5): 1209 – 21.

Staley, Eugene. 1935. War and the Private Investor: A Study in the Relations of International Politics and International Private Investment. Chicago: University of Chicago Press.

Standard and Poor's. 2003. "Research: Electricity Generating Authority of Thailand."

Stiglitz, Joseph. 1974. "Incentives and Risk-Sharing in Sharecropping." Review of Economic Studies 41 (2): 219 – 55.

——. 1989. "Markets, Market Failures, and Development." American Economic Review 79 (2): 197 – 203.

——. 1993. "Perspectives on the Role of Government Risk-Bearing within the Financial Sector." In Government Risk-Bearing: Proceedings of a Conference Held at the Federal Reserve Bank of Cleveland, May 1991, ed. Mark S. Sniderman, 109 – 30. Boston: Kluwer Academic Publishers.

Stiglitz, Joseph, and Andrew Weiss. 1981. "Credit Rationing with Imperfect Information." American Economic Review 71 (10): 393 – 410.

Suetonius. 1914. "The Life of Claudius." In The Lives of the Twelve Caesars, trans. J. C. Rolfe, Loeb Classical Library.

Summerhill, William R. 1998. "Market Intervention in a Backward Economy: Railway Subsidy in Brazil, 1854 – 1913. Economic History Review 51 (3): 542 – 68.

——. 2003. Order against Progress: Government, Foreign Investment, and Railroads in Brazil, 1854 – 1913. Stanford, CA: Stanford University Press.

Sunstein, Cass. 2001. "Cognition and Cost-Benefit Analysis." In Cost-

Benefit Analysis: Legal, Economic, and Philosophical Perspectives, ed. Mathew D. Adler and Eric A. Posner, 223 – 67. Chicago: University of Chicago Press.

Surowiecki, James. 2004. The Wisdom of the Crowds: Why the Many Are Smarter Than the Few and How Collective Wisdom Shapes Business, Economies, Societies, and Nations. New York: Doubleday.

Taylor, Alan M., and Mark P. Taylor. 2004. "The Purchasing Power Parity Debate." Journal of Economic Perspectives 18 (4): 135 –58.

Taylor, Mark P. 1995. "The Economics of Exchange Rates." Journal of Economic Literature 33 (1): 13 –47.

Tetlock, Philip E. 2002. "Theory-Driven Reasoning about Plausible Pasts and Probable Futures in World Politics." In Heuristics and Biases: The Psychology of Intuitive Judgment, ed. Thomas Gilovich, Dale Griffin, and Daniel Kahneman, 749 –62. Cambridge, U. K: Cambridge University Press.

Thévenez, René, with Fernand Manesse. 1909. Législation des chemins de fer et des tramways. Paris: H. Dunod et E. Pinat.

Thorner, Daniel. 1977 [1950]. Investment in Empire: British Railway and Steam Shipping Enterprise in India, 1825 –1849. New York: Arno Press.

Timmins, Nicholas. 2004. "Past Proves There's No Place for Panic." Financial Times, U. K. ed., July 9, 22.

Tirole, Jean. 2006. The Theory of Corporate Finance. Princeton, NJ: Princeton University Press.

Towe, Christopher M. 1993. "Government Contingent Liabilities and Measurement of Fiscal Impact." In How to Measure the Fiscal Deficit: Analytical and Methodological Issues, ed. Bléjer, Mario I., and Adrienne Cheasty, 363 – 89. Washington, DC: International Monetary Fund.

Trujillo, Lourdes, Emile Quinet, and Antonio Estache. 2002. "Dealing with Demand Forecasting Games in Transport Privatization." Transport Policy 9 (4): 325 –34.

Tversky, Amos, and Craig R. Fox. 1995. "Weighing Risk and Uncertainty." Psychological Review 102 (2): 269–83.

Tversky, Amos, and Daniel Kahneman. 1992. Advances in Prospect Theory: Cumulative Representation of Uncertainty. Journal of Risk and Uncertainty 5 (4): 297–323.

Tversky, Amos, and Derek J. Koehler. 1994. "Support Theory: A Nonextensional Representation of Subjective Probability." Psychological Review 101: 547–67.

Veenendaal, Augustus J. 1995. "State versus Private Enterprise in Railway Building in the Netherlands, 1838–1938." Business and Economic History 24 (1): 186–93.

Vernon, Ray. 1971. Sovereignty at Bay: The Multinational Spread of U. S. Enterprises. New York: Basic Books.

Ville, Simon P. 1990. Transport and the Development of the European Economy, 1750–1918. New York: St. Martin's Press.

Walker, Charles. 1969. Thomas Brassey: Railway Builder. London: FrederickMuller.

Weinstein, Neil D. 1989. "Optimistic Biases about Personal Risks." Science 246 (4935): 1232–33.

Westwood, J. N. 1964. A History of Russian Railways. London: George Allen & Unwin.

——. 1974. Railways of India. London: David & Charles.

White, Gerald I., Ashwinpaul C. Sondhi, and Dov Fried. 1998. Analysis and Use of Financial Statements. 2nd ed. New York: John Wiley & Sons.

Whitman, Marina von Neumann. 1965. Government Risk-Sharing in Foreign Investment. Princeton, NJ: Princeton University Press.

Williamson, Oliver E. 1989. "Transaction Cost Economics." In Handbook of Industrial Organization, vol. 1, ed. Richard Schmalensee and Robert Willig, 135–82. Amsterdam: North-Holland.

Woods, H. Charles. 1917. "The Baghdad Railway and Its Tributaries." Geographical Journal 50 (1): 32-56.

World Bank. 2004a. Averting an Infrastructure Crisis: A Framework for Policy and Action. 2nd ed. Washington, DC: World Bank.

——. 2004b. World Development Report: A Better Investment Climate for Everyone. New York: Oxford University Press.

——. 2005. Uruguay: Improving the Efficacy of Public Expenditures. Report 30943 - UY. Washington, DC: World Bank.

Wright, Brian D. 1993. "Public Insurance of Private Risks: Theory and Evidence from Agriculture." In Government Risk-Bearing: Proceedings of a Conference Held at the Federal Reserve Bank of Cleveland, May 1991, ed. Mark S. Sniderman, 45-65. Boston: Kluwer Academic Publishers.

Wright, Winthrop R. 1974. British-Owned Railways in Argentina: Their Effect on the Growth of Economic Nationalism, 1854-1948. Latin American Monograph 34. Austin, TX: University of Texas Press.

Yin, Shihong, and Calum G. Turvey. 2003. "The Pricing of Revenue Assurance: Comment." American Journal of Agricultural Economics 85 (4): 1062-65.

Young, George. 1906. Corps de droit Ottoman: Recueil des codes, lois, règlements, ordonnances et actes les plus importants du droit intérieur, et d'études sur le droit coutumier de l'Empire Ottoman. Oxford, U.K.: Clarendon Press.

Zeckhauser, Richard J., and W. Kip Viscusi. 1990. "Risk within Reason." Science 248 (4955): 559-64.

Zhuravlyov, V. V. 1983. "Private Railway Companies in Russia in the Early Twentieth Century." Journal of Transport History 4 (1): 51-66.

英文版致谢

本书受益于很多人的意见和帮助，包括：Glenn Boyle、Hana Brixi、Penelope Brook、Jeff Delmon、David Ehrhardt、Antonio Estache、Mary Fisk、Tony GómezIbáñez、David Hawes、Monika Kosior、José Luis Irigoyen、John Irwin、Ellis Juan、Laszlo Lovei、Marvin Phaup、Bengt Pramborg、Hossein Razavi、Chris Shugart、Thaisa Tiglao 和 Alan Townsend。

同时也要感谢美国法律和经济咨询集团公司（LECG）、国际货币基金组织、世界银行和新西兰财政部等机构，以及智利、匈牙利、印度尼西亚、韩国、墨西哥、波兰、南非、泰国、乌拉圭等国家。

后　　记

　　本书能够顺利翻译出版，主要得益于各参与单位和人员齐心协力的合作精神和精益求精的敬业精神。

　　财政部政府和社会资本合作中心焦小平、莫小龙、傅平、郭上、郭浩、石杰夫、曲经纬、田晨和甘肃省财政厅第文涛等同志组成的工作组，在本书的翻译校对、排版质量控制等方面做了大量具体工作。实习生沙思颖、宋子健、周毅成、王子力、郑洋、杜彦志、蓝诗玥、刘偲扬、阎甜、张菡、林冰清等参与了部分翻译和校对工作。

　　翻译工作得到了世界银行，中国科学院大学经济与管理学院国家级大数据重点挖掘实验室、PPP研究中心等的技术支持，在此表示感谢。

　　由于水平所限，本书一定存在疏漏不足之处，敬请谅解并不吝赐教。

财政部政府和社会资本合作中心
2015 年 12 月